舵手证券图书
www.zqbooks.com

知海领航财富人生

舵手俱乐部 www.duoshou108.com

大操盘手股市稳赚技法

郭 浩 著

山西出版传媒集团
山西人民出版社

图书在版编目(CIP)数据

大操盘手股市稳赚技法 / 郭浩著.—太原：山西人民出版社，2017.12
ISBN 978-7-203-10137-6

Ⅰ.①大… Ⅱ.①郭… Ⅲ.①股票投资-基本知识 Ⅳ.①F830.91

中国版本图书馆CIP数据核字(2017)第233776号

大操盘手股市稳赚技法

著　　者：郭　浩
责任编辑：秦继华
复　　审：魏美荣
终　　审：阎卫斌

出 版 者：山西出版传媒集团·山西人民出版社
地　　址：太原市建设南路21号
邮　　编：030012
发行营销：0351-4922220　4955996　4956039　4922127(传真)
天猫官网：http://sxrmcbs.tmall.com　电话：0351-4922159
E-mail　：sxskcb@163.com　发行部
　　　　　sxskcb@126.com　总编室
网　　址：www.sxskcb.com
经　　销：山西出版传媒集团·山西人民出版社
承 印 者：大厂回族自治县德诚印务有限公司

用纸规格：710mm×1000mm
印　　张：15
字　　数：230千字
印　　数：1-5100册
版　　次：2017年12月　第1版
印　　次：2017年12月　第1次印刷
书　　号：978-7-203-10137-6
定　　价：48.00元

如有印装质量问题请与本社联系调换

前　言

当你开始阅读此书时，你就已经占据了投资的制高点。显然，这不是一本简单的理论性书籍，而是经历风雨之后，在对诸多理论深入研究并经过实战操作总结出的一种更能符合现代市场的操盘体系。

15年来的理论与实践，经历多轮牛熊走势的洗礼，仍能屹立不倒。股灾发生之前、之中和之后都能非常确切地给出信号。因此，思来想去有必要把它著成图书与更多投资人分享。《大操盘手股市稳赚技法》是基于一个职业操盘手对市场的感知，无论出现怎样的变化总能找到破解的方法，并对未来走势有较准确的研判。

按照投资逻辑和学习顺序，起始是对指数未来运动方向的研判，即大底与大顶形成过程中如何嗅出转折的味道，以及运动的时间周期和爆发点。解决了新老投资人盲目投资的习惯，在牛市行情到来之前勇敢买入，在行情结束时果断卖出，这是获得成功的前提。顺着市场走势而行，把正确的方法用在正确的时间上，就会有事半功倍的效果。

牢记参与市场的目的，通过一些小技巧来完成收益的稳定增长。当认清大势以后，在脑海里就会出现一套完整的操作计划，例如指数运动三个阶段中的选股思路和潜在板块的分析，再到个股买卖点的把握，都会朝着正确的方向前行。所以，基础性工作有时很重要，虽然它没有追逐涨停那样刺激，但有比捕捉涨停更加重要的策略。用一种新的操盘方法在即将涨停时快速买入，书中这套策略已经在实践中得到了验证。

投机是个非常有趣的营生，每天都有惊奇的事情发生，并且总能让人欣喜若狂。善用消息进行交易已经成为制胜的工具，然而，如何收集、分析和运用这些，对参与者来说是个极大的挑战。它不仅仅局限在信息的表面，更深层次解读需要自身能力的提高，正所谓打铁还需自身硬。

培养职业操盘能力，改变以往错误的观念。道听途说显然不能让你成为一名优秀的操盘，纵观市场能够成为大操盘手都具有一种特性，那便是独立思考和分析的能力。不受场外任何不良信息的干扰，只是隐匿其中用一种神奇的直觉在变动中战胜对手，无论何时都会快人一步，而且这种能力是不可复制的，唯有苦练才能成真。

股市中能够真正赚钱的方法并不是那些看似神奇却又难懂的高招，而是最简单和最普通的一些工具。就譬如，在牛市中也有无法赚到收益的原因一样，这到底是为什么呢？是错误的观念在引导你进入一个怪圈，认为只有大多数人弄不明白的方法才有获胜的可能，而忽略了投资的真正目的。事实上，顺应市场是最行之有效的方法，当价格不断向上运动时加码买入，反之，当价格不断向下运动时果断卖出，紧抓关键点便能大获全胜。

大操盘实战技法是当今市场中最实用的阿尔法策略模型，为了能够让读者更好地学习和使用，本书特地截取了大量真实交易案例进行论述。在时间和空间共振的关键点上果断做出决定，大大提高了实盘操作性，并在后续论点中揭示了操盘们在市场中赚钱的方法，若有瑕疵还请谅解。

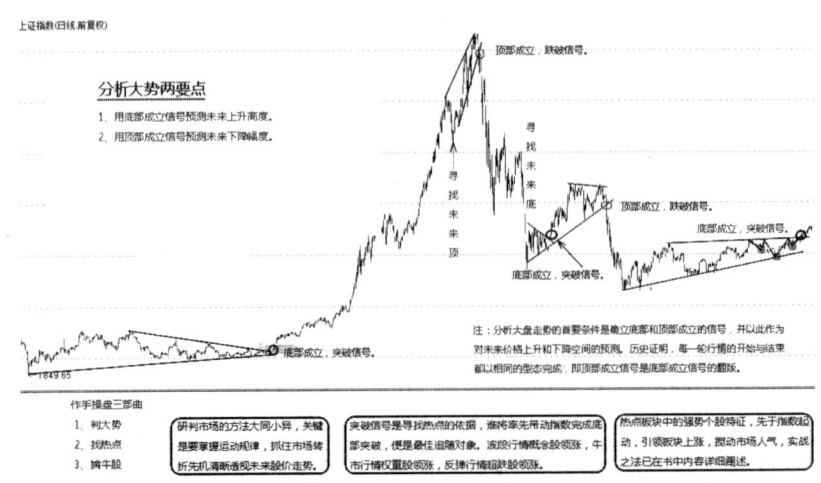

图 0-1　大操盘手股市稳赚技法　图谱

目　录

第1章　抓住市场转折先机 ……………………………………… 1
1.1　如何发现牛熊走势运动轨迹 ……………………………… 2
1.2　识破牛熊转折时的价量变化 ……………………………… 4
1.3　用时间周期推测指数未来变盘点 ………………………… 7

第2章　利用规则交易 …………………………………………… 15
2.1　规则一：用策略模型捕捉牛股的实盘技法 ……………… 16
2.2　规则二：怎样从技术形态看懂资金流向 ………………… 36

第3章　掌握投资要点 …………………………………………… 53
3.1　让利润稳定增长的操作策略 ……………………………… 54
3.2　看懂盘口语言并预知未来上升空间 ……………………… 65

第4章　善用消息进行交易 ……………………………………… 75
4.1　解读消息真伪需要具备的条件 …………………………… 76
4.2　利用消息买卖股票的依据是什么 ………………………… 81

第5章　反逻辑思维分析与操作 ………………………………… 95
5.1　反逻辑思维分析的真正原因 ……………………………… 96
5.2　反逻辑思维分析的操作技巧 ……………………………… 100

第6章　股票操盘手的交易特性 ………………………………… 105
6.1　股票操盘手超越自我的基本要求 ………………………… 106

  6.2 识破主力真假出货还是换庄的方法 …………………… 110
  6.3 增进投资技能提高收益的三个要点 …………………… 117

第7章 股票操盘手的策略工具 ………………………………… 121
  7.1 直线策略识别拐点 ……………………………………… 122
  7.2 曲线策略擒住慢牛 ……………………………………… 126
  7.3 涨速策略狙击涨停 ……………………………………… 129
  7.4 指标策略助力逃顶 ……………………………………… 131

第8章 战胜股灾的实盘技法 ………………………………………… 137
  8.1 应对股灾的实盘技巧 …………………………………… 138
  8.2 股灾中的实盘交易技巧 ………………………………… 149
  8.3 防御暴跌的操作技巧 …………………………………… 164

第9章 持续盈利的关键因素 ………………………………………… 181
  9.1 持续盈利的核心思想 …………………………………… 182
  9.2 持续盈利的交易手段 …………………………………… 191

第10章 揭秘大操盘手实战技法 …………………………………… 201
  10.1 截断亏损 ………………………………………………… 202
  10.2 战胜市场的操盘技法 …………………………………… 212
  10.3 把股票卖在顶部的出货方法 …………………………… 219

后 记 ……………………………………………………………………… 233

第1章
抓住市场转折先机

让市场告诉你应该怎样进行投资,而不是自己想当然地认为。

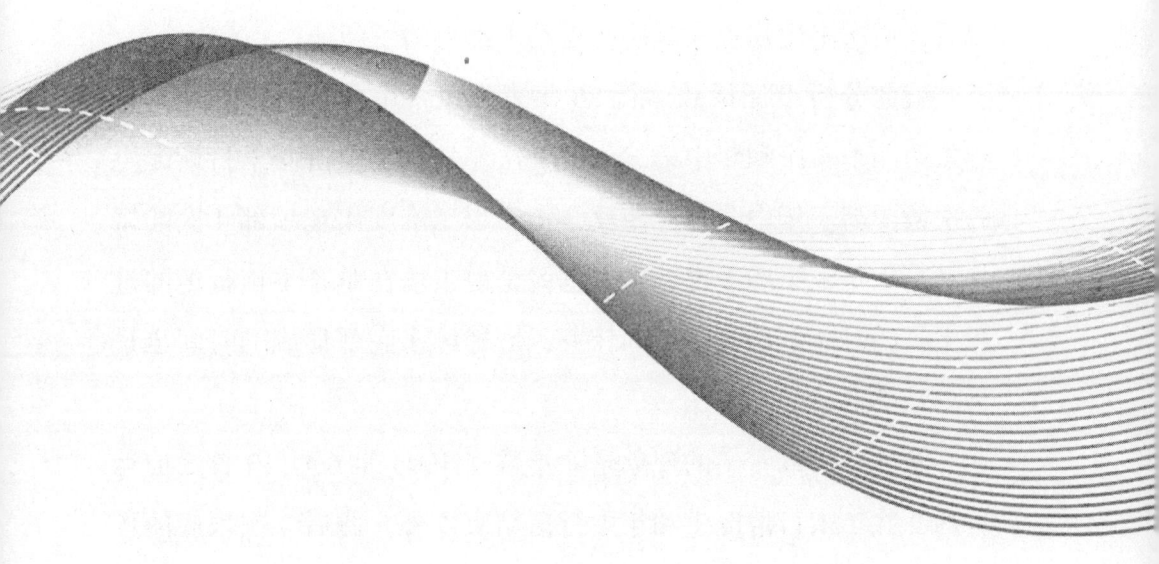

1.1 如何发现牛熊走势运动轨迹

追寻运动轨迹，抓住行情转折先机才能先人一步。实践中出现诸多投资上的错误问题，究其根本，原因是未能对指数做出及时准确的判断，所以，往往会错失最佳交易时机，该进场的时候没有及时买入，该离场的时候又没有及时卖出，导致一时辛苦赚来的收益又付之东流！这似乎已经成为束缚成功的紧箍咒。

那么，怎样才能解决这个问题并在未来投资中如愿以偿？首先需要对市场做出明确的判断，例如由下降转为上升趋势时发出的进场信号和由上涨转为下降趋势时发出的离场信号。从追求高收益低风险的角度考虑，季线信号是个重要的分析依据，历史走势已经给出答案。上证指数自 1990 年 12 月 31 日完成第一个季线以后，历次出现拐点在其后的运动中都得到了印证。

就此分析上证指数运行 26 年来产生牛市行情的拐点分别是年末第四季 4 次和年中第二季度 2 次，从概率上讲年末行情诞生的次数要高于年中。与此相反，年中第二季度出现顶部 4 次的概率又高于年末第四季度 2 次，也就是说市场在孕育牛市行情的过程中，同时还担负着结束的任务，恰好最多底部形成的时间也是最少顶部形成的时间。

此外，可以看出的现象是除指数在 1993 年 6 月 30 日之前运行的 2 次年末行情诞生和年中行情结束以外，此后 4 次顶底的形成都有完整的年份，即行情年中诞生年中结束和年末诞生年末结束。或许我们对此需要有个合理的解释，是什么原因造就了这一现实，驱动指数按照规律运行的是什么？然而，摆在我们面前的真相又是什么？

　　历史前进的车轮已经进入轨道，顺应才是唯一真理。让时空汇聚的焦点在转折时形成，它将主宰投资者命运。待轮回进入低谷时大胆入场，待轮回到达峰顶时果断离场，便会战胜一切对手。上证指数 26 年顶底时间图既标示现在，同样也标示未来，希望通过此图能指引你走向更加健康成熟的投资道路，早日完成还未完成的梦想。

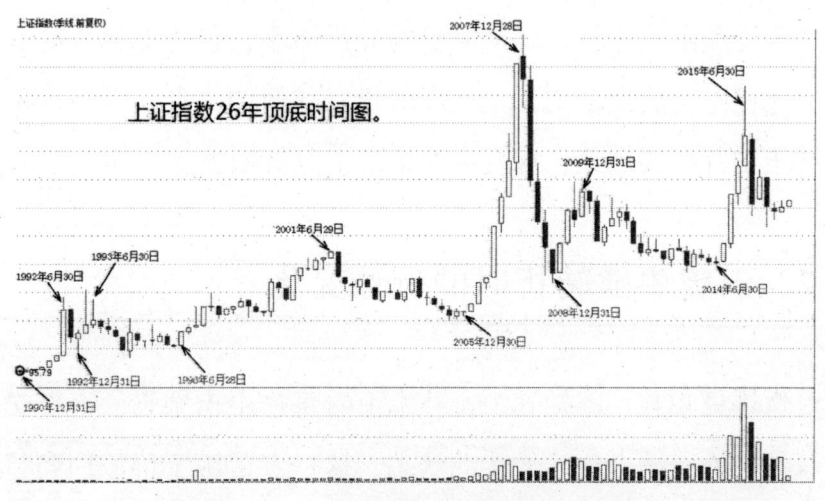

图 1-1　上证指数 26 年季线走势

注解：牛市底部形成时间分别是：诞生于年末第四季度 4 次和年中第二季度 2 次。熊市顶部形成的时间分别是：结束于年末第四季度 2 次和年中第二季度 4 次。

万物运动总有神奇规律，曾经发生过的未来还会再来，也许只是在时间和形式上会有差异。就如同人们费尽脑汁去预测牛熊轮回走势的节点一样，把简单的事物假想成复杂的对象，再从复杂的对象转为简单的过程，而忽略了本质的存在。

　　当看到上证指数 26 年季线走势图以后，无法想象你会显示出一种怎样的表情，内心的疑问也许只有现实才能回答。如此简单的分析方法为何一直没有被发现，假如早些应用，命运一定不会是现在的状况！我曾经试图通过各种办法来达到对指数精准预测的目的，其结果都是徒劳而根本没有实质性操作意义，最后还是遵循简而易行的运动轨迹顺利完成了每笔交易，对此我深信不疑。

　　要说理由，它将是一个完整的分析体系，在历史逐步向前发展的过程中，成交量的变化又反映投资热情的高低，常与价格形成同步和背离的现象，这将成为第二个分析依据。

1.2　识破牛熊转折时的价量变化

　　也许只知其一不知其二，技术上看每逢牛市来临，市场交易气氛都会处于一个相对低迷的状态，这一点是源于价值回归，从高处跌落至低处的悲观情绪所致。只有将长期持有多头头寸的参与者一步步逼向绝望，并在精神极度崩溃时卖出股票后才能有新的开始。然而，在缺少投资价值的证券市场，游戏规则制定者是不可能将这种现象持续下去的，参与者也会伺机寻找机会，因此，当共同目的达到一致时，市场就会出现转折。正如股市谚语所述,"行情在绝望中产生,在极度欢乐中死亡"。这是自然环境下的产物,无须追究其背后的原因,顺应才是重点。

是的,根据上证指数45日线分析,上市至今不过也就4次牛市行情,其中还包括证券市场新成立时的老八股时代。然而,上升的时间都低于下跌的时间,规律是每一次牛市的到来必然要经历一个漫长的下降周期,这一点也印证了快牛慢熊的道理。

当股价在运行中其偏离值脱离正常运行轨道后,再次寻找回归的路径便会参考原有运行轨道的速率,如图1-2所示。价格自遵循正常轨道运行后向上突破,并形成与轨道区间相当幅度的拉升,成为至目前为止的最高6214点。期间涨速和市场人气逼近历史最高值,难道只有疯狂之后才是顶部。非然,5178点改变了这种看法,延续轨道运行已成必然,任何脱离轨道的运行都会被人为地放大。上证指数45日线走势全景图从三个不同角度进行研判,得出的结论是:

1. 每一次牛市到来之时,技术形态上都以底部三角形突破改变方向,成为引爆行情的火线。

2. 每一次上升之前成交量都伴随价格放大,而见顶时又与价格形成反向背离,或是成交量萎缩或是价格出现滞涨,总之难以保持一致。

3. 现在顶与未来顶形成直线运行,虽有斜率改变,但都在预定的轨道内运行。因此,技术分析的依据就是通过已知的图表来判断未知的走势。

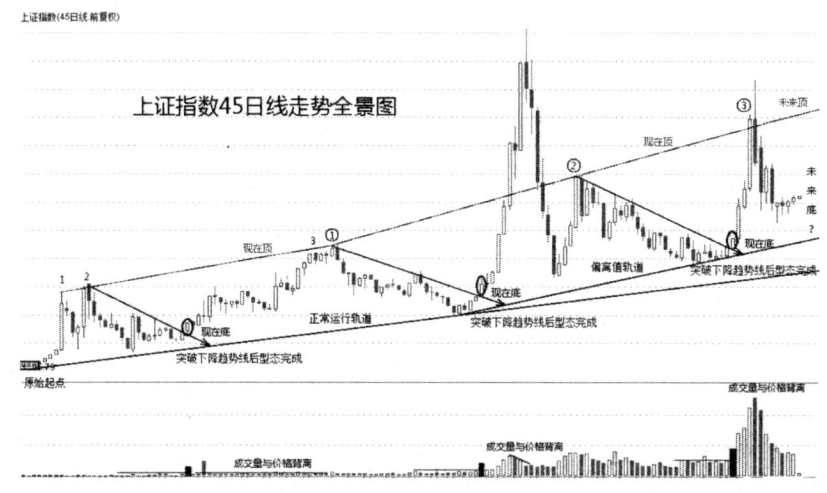

图 1-2　上证指数 45 日走势全景图

注解：上证指数 45 日走势全景图，描述了 26 年来围绕轨道运行的规律，并从中发现三种现象：

1. 价格向价值回归，无论涨到何处，最后依旧回向正常轨道。

2. 开始之时价量形成汇聚并完成上涨形态，而结束之时则出现反向背离。

3. 顶部形成的特征是现在顶对未来顶有预示作用。

那么，鉴于这种特征，市场人气又有怎样的反映呢？俗话说，投资不易且珍惜。每一轮牛市行情的到来，背后都有无数人的努力，请认真对待这个机会。上涨前成交量的低迷已经说明缘由，当大多数人认为无望时，市场就会正式进入底部孕育阶段，待将小散少有的一点意志磨掉以后，真正的底部就会来临。试想，历史轮回运转有哪一次不是这样的呢。相反，当大多数人买入股票以后祈求指数再向上推进一步时，距离顶部也就不远了。

图1-2中成交量与价格走势的背离反映的就是对人为情绪最好的判断，临近顶部必是一个疯狂的状态，失去理智的投资已经再无风险意识，仅有的一点智慧也只能通过知识来控制，就像我们接下来要谈到的内容一样，周期走势的循环是不由投资人的意志来决定的，自然运行才是应有的规律。

1.3 用时间周期推测指数未来变盘点

从价格背后分析，指数走势有时间周期的运行规律。逢"7"或7的倍数已经成为推演系数，或许我们不需要知道它的原因，遇到周期性变盘执行策略即可。就好比要搞懂股价为什么会涨，涨到什么程度等，耗去大量脑细胞后发现对真实交易并没有什么帮助。股票市场是个看似复杂其实简单的游戏平台，它不管你是机构还是个人，只要是参与者就需要去呵护包容它。

判断自然涨跌的轮回是接受现实而不是改变现实。进化论奠基人达尔文曾说过，即使只有普通的资质但持续努力学习，一只乌龟也能超越兔子。证券市场就是一个持续学习、独立思考的场所，刻苦钻研并持之以恒才能有所收获，但要注意技巧和方法。以下内容是对上证指数（即沪市大盘）周K线走势图的统计，从1992年11月386.85点低点开始算起，推演路线图都围绕神奇数字"7"或倍数进行运动，至今，结果令人非常惊讶。

具体内容请参阅图1-3。

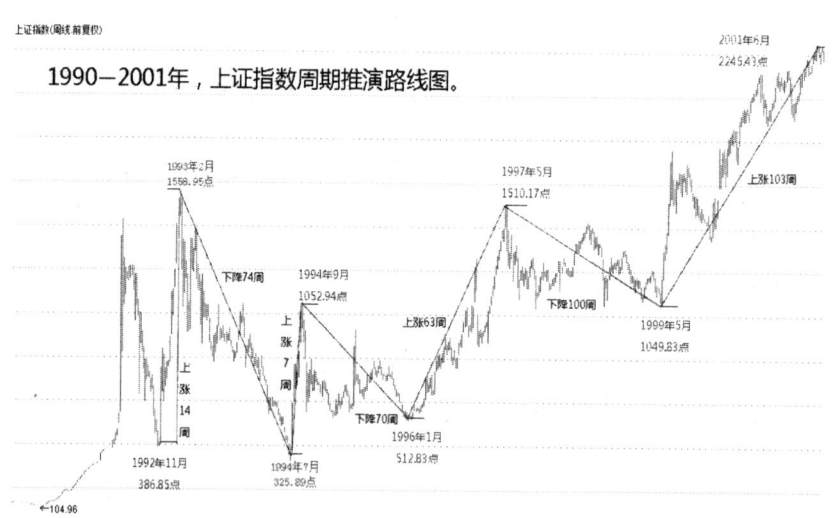

图1-3 上证指数周期推演路线图（1990—2001）

注解：图为1990—2001年上证指数周线走势，并根据斐波那契数列初始公式7的倍数做出的关于变盘周期的统计，而且以时间为红色，周期为蓝色标注。

☆ 1992年11月386.85点——1993年2月1558.95点，上涨14周。
☆ 1993年2月1558.95点——1994年7月325.89点，下降74周。
☆ 1994年7月325.89点——1994年9月1052.94点，上涨7周。
☆ 1994年9月1052.94点——1996年1月512.83点，下降70周。
☆ 1996年1月512.83点——1997年5月1510.17点，上涨63周。
☆ 1997年5月1510.17点——1999年5月1049.83点，下降100周。
☆ 1999年5月1049.83点——2001年6月2245.43点，上涨103周。

1992年11月386.85点起始，至2001年6月2245.43点之

间，周期推演路线图所经历的循环规律，前后时间范围在极度强势或弱势市场中会出现提前、推后一周甚至两周变盘的情况，主要是价格趋势形成以后的助涨和助跌作用所导致。而对与实际交易来说，引用已故投机大师杰西·利弗莫尔的一句话形容："我从不在真正风险来临以后才考虑卖出头寸。"简而言之，即便是到达变盘点，你也不可能把股票卖在最高点，因此，进入高位变盘区间适当的避险是必要的，下图为2001年自2009年上证指数周线走势，期间标注了变盘时间和运行周期。

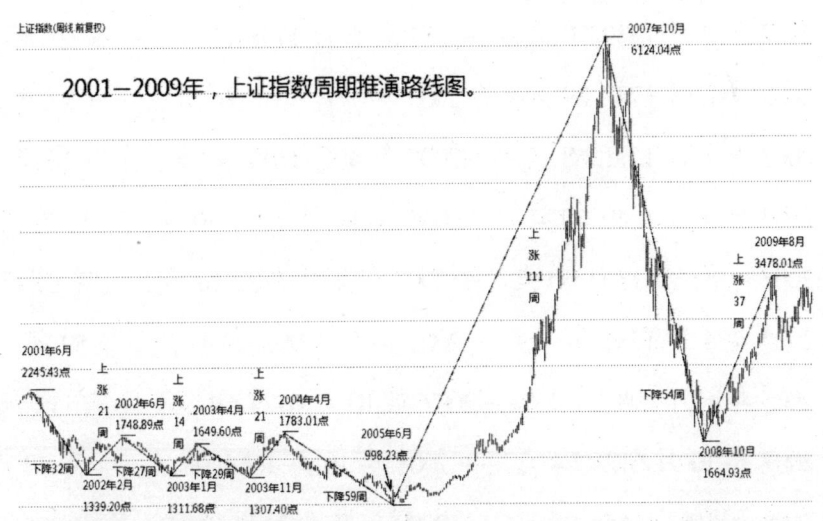

图1-4　上证指数周期推演路线图（2001—2009）

注解： 图为2001—2009年上证指数周线走势，所标注范围是2245.43点至3478.01点间的起起落落。令人记忆犹新的是2005年6月998.23点底部形成后一路上升到2007年10月6124.04点，迄今为止的历史大顶。

我们从事投机事业，看似一切都准备得非常完美，其实结果并未向完美靠拢。真正的完美交易者是能够懂得何时入场和何时离场，而不是一直将自己置身其中。因此，用时间周期推测指数未来变盘点，目的是让投资人在操作中始终保持一个清晰的头脑。任何一轮上升或下降都是有周期性的，当价格发生转折时听从市场旨意是最明智的选择。

☆ 2001年6月2245.43点——2002年2月1339.20点，下降32周。
☆ 2002年2月1339.20点——2002年6月1748.89点，上涨21周。
☆ 2002年6月1748.89点——2003年1月1311.68点，下降27周。
☆ 2003年1月1311.68点——2003年4月1649.60点，上涨14周。
☆ 2003年4月1649.60点——2003年11月1307.40点，下降29周。
☆ 2003年11月1307.40点——2004年4月1783.01点，上涨21周。
☆ 2004年4月1783.01点——2005年6月998.23点，下降59周。
☆ 2005年6月998.23点——2007年10月6124.04点，上涨111周。
☆ 2007年10月6124.04点——2008年10月1664.93点，下降54周。
☆ 2008年10月1664.93点——2009年8月3478.01点，上涨37周。

根据历史走势推演统计，下跌时间通常要比上涨时间周期长，弱势市场时间跨度将会更久。因此，如何把握时间与空间的共振交汇点，本节三张周期推演路线图为你开辟出一条新的道路，并为你提供未来指数将要出现的变盘点，按照规律研究便是。

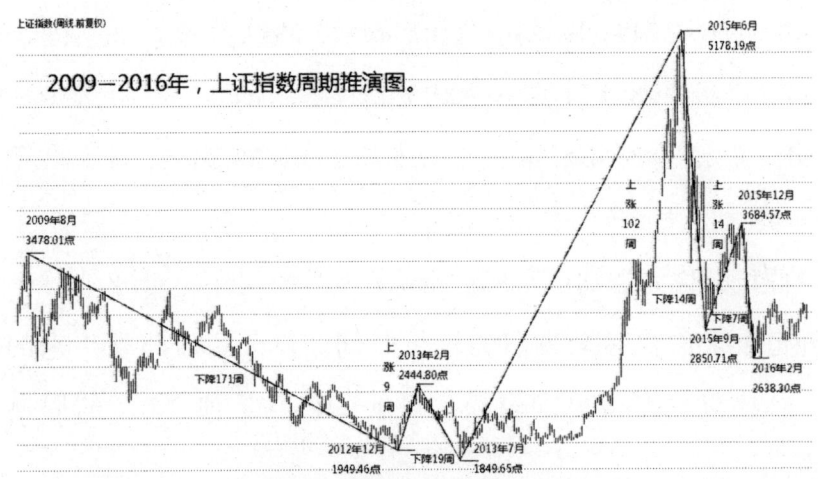

图 1-5 上证指数周期推演路线图（2009—2016）

注解： 图为 2009—2016 年上证指数周线走势，所标注范围是 2009 年 3478.01 点至 2016 年 2638.30 点。期间经历了股灾、熔断机制的血洗局面，这也正是激励作者撰写本书的原因。

佛语云：一切轮回皆有定数。过去的已然过去，未来的还将继续。作为市场参与者的一分子，当把这些数字摆在眼前，发现指数运动的生命周期如此简单，内心还略有遗憾！十余年中我一直遵循这个原则，每当遇到时间性周期变盘时都会用它来计算未来走势的运行方向，结果证明我的选择是正确的。

☆ 2009 年 8 月 3478.01 点——2012 年 12 月 1949.46 点，下降 171 周。
☆ 2012 年 12 月 1949.46 点——2013 年 2 月 2444.8 点，上涨 9 周。
☆ 2013 年 2 月 2444.8 点——2013 年 7 月 1849.65 点，下降 19 周。

☆ 2013年7月1849.65点——2015年6月5178.19点,上涨102周。

☆ 2015年6月5178.19点——2015年9月2850.71点,下降14周。

☆ 2015年9月2850.71点——2015年12月3684.57点,上涨14周。

☆ 2015年12月3684.57点——2016年2月2638.30点,下降7周。

假设,你无法知道未来价格涨跌的具体点位,那么,你一定要知道未来价格运动方向的转折时间。复杂背后凸显出来的简单,会让交易变得更加轻松、自如,它就是神"7"的周期变盘点。

需要说明的是,这些内容并没有像提供一只股票那样来得直接,虽然已经通过周期的推演并清楚地看到下一个变盘时间,与真实的财富好像还有一点距离,但可以肯定的是,在获取财富的路上,它会一如既往地陪伴,直到你完全可以驾驭它的那一天。

小 结

本章内容从三种不同角度来阐述牛市行情启动的缘由,是为了投资者在日常交易中用自己的方法来判断市场的位置,尤其是在价格运行过高或过低时的动态信息。当然,假如有能力的话,可以从盘面变化上直接嗅出味道,这也是我在接下来的章节中论述的要点。我认为一名优秀的操盘手是需要具备这些能力的。下面我们对上述内容做个简单的回顾。

第一节,发现牛熊走势运动轨迹 讲述了上证市场指数26年来的顶底时间图的运转特征,牛市底部形成时间分别是诞生于年末第四季度 4 次和年中第二季度 2 次，熊市顶部形成的时间分别是结束于年末第四季度 2 次和年中第二季度 4 次。

第二节，识破牛熊转折时的价量变化　讲述了牛市启动时的三种特征：

1. 每一次牛市到来之时，技术形态上都以底部三角形突破，成为引爆行情的导火线。

2. 上升之前成交量都伴随价格放大，而见顶时又与价格形成反向背离，或是成交量萎缩或是价格出现滞涨。

3. 现在顶与未来顶形成直线运行，虽有斜率改变，但都在预定的轨道内运行。任何脱离轨道运行的走势，都会被人为地放大，且最终回归正常轨道。

第三节，用时间周期推测指数未来的运动方向　简单的数学逻辑推理告诉我们，指数循环是有规律的。每逢"7"或倍数都会出现变盘，或是向上或是向下，从上市至今无不在重复这样的循环。或许它还有更多探索的价值和研究，不过到目前为止现有规则足矣胜任这项投资或投机的任务。

所以，在进行正式投资之前请务必掌握这项技能，不要让自己在无助时像无头苍蝇般乱碰乱撞。关键时刻没有人可以帮到你，除非你已经掌握了某项技能，懂得何时进入和何时离开市场。

第2章
利用规则交易

用一种符合自己个性的操盘技法战胜市场

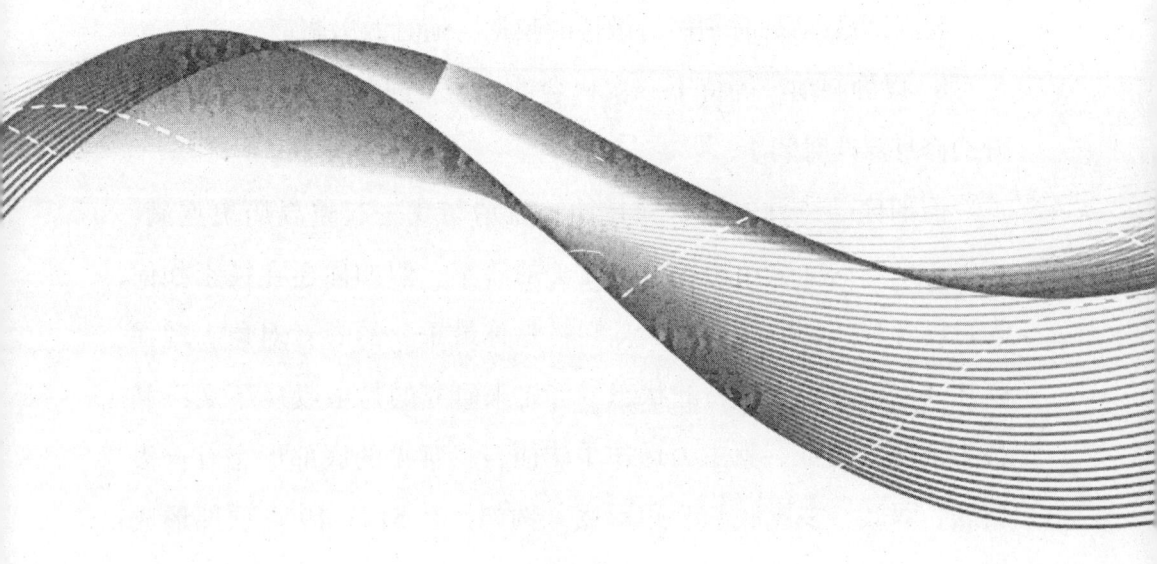

2.1 规则一:用策略模型捕捉牛股的实盘技法

第一章内容已经针对如何分析指数做出了详细说明,第二章内容我们将介绍怎样利用规则交易,重点解决以下一些问题。从实质性考虑,一个完整操作具体包括:

1. 以伯乐的眼光在数千只股票里选出最有投资价值的个股。
2. 无论市场如何变化,始终抓住炒热点的准绳,唯有此才能提高成功概率。
3. 强中自有强中手,用简单的技巧完成复杂的交易。
4. 静待时机到来,选时选点,买在将涨时。
5. 做好每日休市后的功课,让复盘的习惯成为盈利的基石。
6. 用狙击密码猎杀涨停个股,强势市场大胆使用。
7. 对指数动态时刻保持敏锐的嗅觉,随时做出调整。
8. 以静制动,等待下一次机会的出现,回归常态后也许是最好的修身养性时间。

假如你已经具备了这些技能,就请与我一起重温历史点滴,它将以全新的面貌给出你一个完美的答案。假如你还在摸索如何为自己寻找一种成功的方法,它将是你最重要的参考对象。现在就让我们正式进入交易的状态,首先来研究的是牛股(下文将其称为黑马)特征。就主力运作手法而言,常见的底部形态有:头肩底、双底、多重底和三角形底。例如,在5178.19点顶部形成之前，上证指数自 2014 年 7 月份筑底结束以来，所形成的形态是"底部收敛性三角形"，这一点很重要。此后的上升或是下降一直都在延续，直至新的形态产生。

对此，现在还不能判断市场会在何时结束这种形态，但可以确信的是每当机会来临之时，总有与指数相同形态的股票提前突破整理平台。事实上，在回望历史走势中每轮行情所诞生出的黑马新秀都是如此。它们共同的特征的是，调整时间短，上升速度快，在时间上总是抢先于大盘，或是启动或是回落。

伯乐相马——用形态选股

成功没有捷径，付出才有回报。把时间用在选股上，如果可以，最好依次翻阅所有股票，每周进行一次筛选将会有很大的收获。不仅可以选出黑马良驹，还可以嗅到市场变盘中的味道，尤其是在紧要关头它总能派上用场，无数次的顶部与底部都有特别的味道散发出来而且不受表象迷惑。也许是直觉或者灵感，也许是交易精神所致，总之，我是幸运的，每一次都能非常顺利地完成交易。

然而，在实际操作中，人们根本不愿意去完成这项烦琐的工作，寻找捷径、投机倒把的事情是懒惰之人一贯所迷恋的。所以，即便手里已经骑上黑马良驹，也会被无知而丢弃，对此，有很多人感同身受。希望这个觉醒不要来得太晚，这样就不会让自己的交易行为变得难堪了。

接下来我要说的是，通过案例分析来揭示黑马启动时的特征，当然，做到这一点需要对技术形态特征有所了解，才能在股价运动中准确判断。我想你是有心理准备的，关于基础理论知识的讲解，市场上有很多书籍已经从多种角度进行过阐述，这里不再多费口舌。总之，如果你还需要补习这门功课的话，就请你根据自身水平制定一个学习计划，它的目标将是让你成为一个优秀的操盘手。

以实例为分析依据，图3-1雅本化学走势完全可以解释清楚。一只股票无论是以怎样的形式运动都会在买卖点上留下信号，图表所描绘的形态是股价运动中常见的底部。它或是出现在夯实中的大底，或是出现在阶段性走势中的调整，但这都不影响未来的上升。换言之，当投资人发现具有类似特征的个股时，无论处于那个阶段都有必要参与。

在此之前需要做的是利用何种方法找到符合买入条件的股票。价格一路向右上方移动，期间时而下降，时而上升，哪里才会是最好的入场点呢？所以，如何有效识别价格的完整形态，将成为论述的焦点。对此，分析内容将在下面讲到。

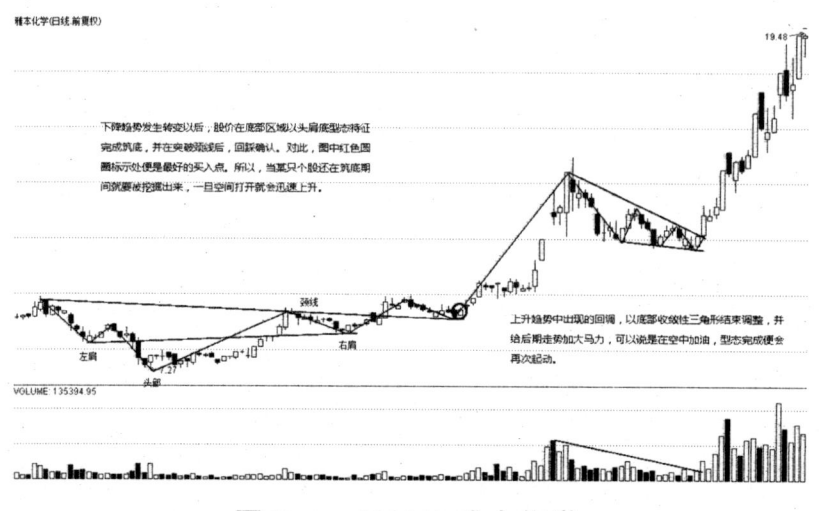

图2-1　300261 雅本化学

注解： 2-1 图为雅本化学日 K 线走势。图中所描绘形态为头肩底形态和下降收敛性三角形底，并标有完成股价突破颈线后的最佳买入点和所匹配的量能关系。

首先，从股价演变中的技术形态入手，雅本化学在运动中出现过两次形态整理，且每一次调整结束后都有非常不错的上涨。

第一次为长期下降趋势后的头肩底筑底形态。

第二次为上升趋势的中途调整，底部三角形形态。

两者在图形分析上都被称作是底部形态，例如头肩底底部形态的演变与特征是：头部确立，左肩出现，之后随着时间的推移在走势上形成右肩，并在两肩之间形成一条倾斜向上的颈线，以作为形态成立的标准。

头肩底形态完成的条件：

1. 右肩高于左肩。

2. 头部明显低于两肩。

3. 颈线位突破形成买入点。

所有的底部形态都是在调整中完成的，或是长期下降趋势或是上升趋势中的回落走势，形成之前必是这样的经历。雅本化学的最终形态，是在价格向上突破颈线后出现向下回踩至原颈线的位置，重新启动时才确立。还是那句老话，形态一天没有完成，都不能成为要把握的关键点，这是时间与空间转换的力量，唯有时空产生共振，行情才会展开。对于头肩底形态形成，时间越长未来上升的幅度就可能越大，这是基于底部筹码收集的缘故。

此外，与头肩底形态不同的是，股价在朝上升趋势方向运行中出现的回落走势，即多次提到过的底部收敛性三角形形态。当完成头肩底形态回踩颈线后走出来的上升行情，其实正好是头部至颈线位高点的幅度，通常都会在涨幅到达一倍比例时进行调整。如遇强势市场，这个幅度还有可能会增加，不过这种现象很少出现。

趋势一旦形成就不会轻易结束，这是技术派人士的共识，即便有回落也不影响整体运行。雅本化学在上升途中出现的第二个整理形态，即收敛性底部三角形形态。高点与次高点形成一条向下运行的趋势，低点与低点连接便形成一条缓慢向下趋势，同时描绘两条直线就会出现类似图中的形态样式。

根据信号提示，股价无论怎样变动，关键点要在形态完成以后才能确立。请把这条准则牢记在心，只有这样你才有获胜的把握，并把止损的条件始终刻在脑门上。一旦实际运行与买入成反向走势，在可承受的亏损范围内了结头寸。假如股价正像100公里时速的火车那样疾驰而来，我要做的不是呆若木鸡地站在轨道中，而是离开这个即将面临风险的地方，让它过去，如果我愿意的话，随时都还可以再回来。

挖掘题材——炒热点

混沌理论告诉投机者，分析股票走势时可以按"先个股，后板块，再指数"的思路进行，与道氏理论创始人查尔斯·H.道提出的"先指数，后板块，再个股"的投资理念正好相反。从实战角度出发，一切理论源于实践，实践是检验真理的唯一标准。所以，在此之前我对投资与投机两者之间的区别有过叙述，从操作上讲，策略是根据市场实际走势制定的，而不是由操作者自己随性决定的。

因此，在投机中个股的强势拉升将会带领整个相关板块的上升，且持续时间越长影响力越大。其特点往往是先于指数上升或先于指数下降，例如中信证券在2014年11月份行情中的表现，以个体力量带动局部力量，影响整体市场，是运动中比较常见的现象之一。对此，有个很形象的比喻，比尔·威廉姆在其著作中有这样一段描述："巴西一只蝴蝶扇动翅膀，之后在未来的数月中很可能会引发美国得克萨斯州一场龙卷风。"这就是蝴蝶效应，初始条件十分微小的变化，经过不断放大，对未来会造成极其巨大的差别。

就投机而言，盘中异动、热点切换和资金流向都是观察的重点，每一个细节都不能轻易放过。或许它不会马上爆发，但已经出现了启动的先兆，只要你能按照我的交易规则进行，它便会成为囊中之物。异动的背后一定是有原因的。请问，你相信一个具有抬高股价能力的人，会在市场处于相对低迷的状况下，选择一只长期在底部区域保持一种上下震荡走势的股票，目的何在呢？

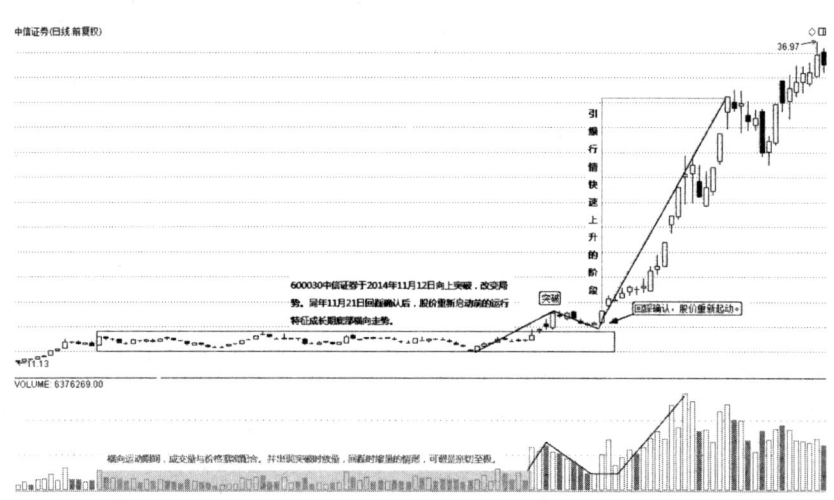

图 2-2　600030 中信证券

注解：当下降趋势转为横盘走势并持续运行时，只是表达了主力的操盘意愿，将价格保持在一个上下相对平稳的空间内，既没有大幅上升也没有深幅下跌。但这绝不是一种转势信号。

我要说的是：在股价拉升之前，大多数参与者搞不清楚他们要做些什么，所以很容易受似涨非涨的假象迷惑。一旦进去就马上变成主力的盘中餐，对于一个买入寄希望于上涨的投机者，是不太容易在较小的波动范围之内结束交易的。因为，市场总是在你即将做出决定时，以内心寄予的方向行走，又在满怀喜悦之时快速打回原来的位置，如此反复，只能是浪费时间耗费精力。当你参与整个洗盘的过程时，在筋疲力尽之后选择出局也许会是一种解脱。

然而，真实的走势就是这样，当散户热情完全被打磨掉以后，股价的一次突破就会扭转局势。这正是我要告诉你的交易策略，保持平衡只是一种方向的延续，没有突破信号的出现说明持续的意愿强烈，短期内还将继续维持。当然，这绝不是考虑进出的时机，唯有突破才能引起你的关注，若能再次向下回踩并得到技术分析的确认，那便是最好的买入点。

中信证券在本轮行情上升中起到的作用功不可没，特点是先于板块内其他股票突破并完成回踩确认，技术上已经形成了非常完美的启动标识。为此，当某个板块发出上涨信号时，里面一定会有比较突出的股票，无论它是谁都有N多买入理由。

强者恒强——擒牛术

"市场不相信眼泪，牛股不相信运气"，擒获热点背后的黑马、疯牛是一种能力的体现，不是什么人都可以做到的。所以，本"擒牛术"是从实际交易出发，以真实案例对照讲解，帮助参与者顺利完成交易。市场普遍向好的情况下，一般很难体现出水平的高低，这种能力只有在趋势发生转折时，才会表现出来。例如，强势市场擒牛的方法，主观上偏向右侧，价格运行时受到前期低点的支撑或是向上突破整理平台都是最佳买入点，除此之外，都视为无策略交易。

与此相反，趋势发生转变以后，朝下降的方向运行时能够捕捉到黑马或疯牛那就不是轻而易举的事情了。技术上需要对指数的运行做有节奏性的判断，个股的研究也要更加深入了解，草率分析不一定就能有很好的收获，随便买一只股票放在那里更不妥当。因此，在强势市场里要学会赚快钱，弱势市场中还要能赚到钱，适当的时候也能退出市场进行休养生息。不同时期的走势要采取配套的投资策略，不管是在怎样的市场中交易，都要有跑不过刘翔但一定要跑得过指数的信念。

强势股的特征：

1. 指数下跌，个股横盘。
2. 指数横盘，个股启动。
3. 指数小阳，个股中阳。
4. 指数中阳，个股涨停。
5. 指数上涨，牛股下跌。

强势股的买卖要点：

1. 指数横盘时，个股突破平台买入。
2. 指数上升时，加大仓位买入。
3. 指数上升时，个股跌破平台卖出。
4. 指数滞涨时，结束交易空仓等待。
5. 买热点、买趋势、不买价格。

操作策略，上升趋势一定要大胆地买，不怕买错就怕买不到。如图2-3全通教育于2014年6月6日收盘价8.17元突破整理平台，走势上成多头排列，预示股价开始启动。在此之前，价格与成交量出现底部背离，资金流入，量能持续放大，为后期的拉升奠定了良好基础。所以，擒住黑马疯牛的关键一点就是要在大涨时勇敢买入，具体操作见图表。

根据图表，全通教育与指数同期调整，但先于指数突破。主力的完整运作思路是：吸筹、打压、拉升、出货。就该股分析，第一阶段（吸筹）价格与成交量出现底部背离，主力资金进入明显。第二阶段（打压）酝酿长期上升走势是不愿意在低位让散户抢到更多筹码的，于是打压、洗盘就成为收集廉价筹码的手段。第三阶段（拉升）当筹码聚集到一定程度（通常在70%以上），就会快速拉升，脱离成本区，小阴线大阳线最为常见。第四阶段（出货）高位放量绝不是好事，主力不会去买，职业投资人不会去买，那只有散户去买，散户去买的结果就是协助主力出逃，成为最后一波接盘侠。

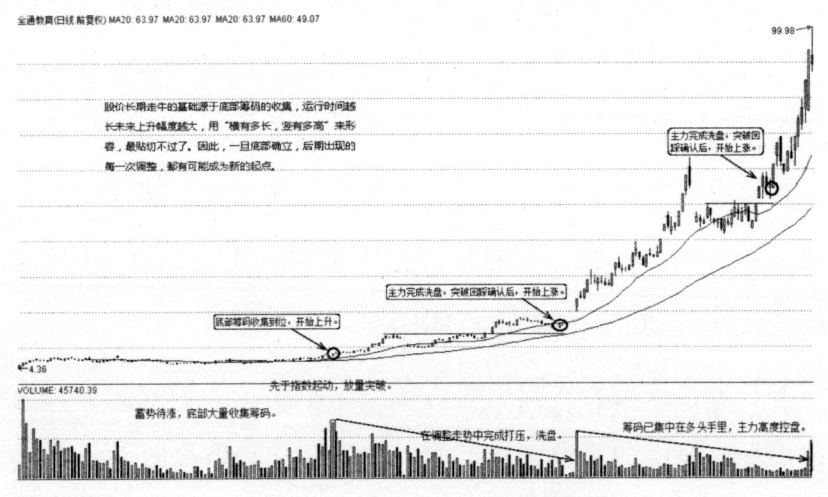

图 2-3　300359 全通教育

注解：掌握牛股特征和主力运作思路，在股价形成第一波涨势之前就根据买卖原则进行参与。

买在将涨时——选时、选点

这是投机事业中最难把握的两点：选时和选点。价格走势的变化、人性弱点的贪婪，或是提前入场或是提前离场都不能恰到好处。根据我的经验总结，捕获价格的起爆点是一件非常完美的事情，虽然，它不太那么容易办到，但是不同类型的参与者们都在终日付出努力，渴望早日完成，这是人之常情。

下面我将对时间与空间产生的交汇点用技术手段做出解答，例如，图2-4天润曲轴，于2015年1月26日收盘价4.58元突破整理平台，移动平均线成多头排列，同时快速线与慢速线金叉，提示买入。随后，股价一跃而起，最高至14.90元，上升幅度达228.73%。那么，交汇点又是什么呢？请注意针对天润曲轴走势，我所采用的分析方法是把20日移动平均线和60日移动平均线作为买入、持股的依据。交汇点便是两条不同时间的移动平均线进行黏合，并向上发散，正常情况下都是先由快速线向上穿越慢速线进行的。对此，在股价逐渐上升时，也会围绕20日移动平均线快速移动，这便是执行的标准。

客观上，决定买入股票的依据不仅限在某一种方法上，而是根据市场、股性的要求来自定的。因此，从赚取高收益的角度思考，天润曲轴采用曲线交易的方法是最好的策略。当然，事后也证实了这一点。所以，作为一名优秀的操盘手应适应不同市场下产生的任何行情，并在风险可控的范围内进行操作。

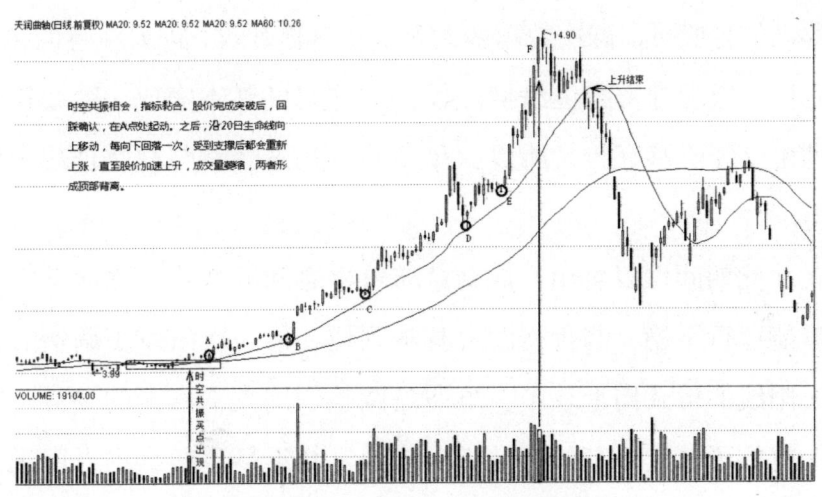

图 2-4　002283 天润曲轴

注解：针对单边上扬的个股采用曲线交易的方法将是最好的策略。股价保持平稳、持续向上运行的走势，期间虽有波折，但都不具有进行波段操作的条件。

买入依据：走势成横向整理，移动平均线（20 日与 60 日）呈黏合运行并在 A 点处出现金叉向上发散，为起涨讯号。B 点、C 点、D 点和 E 点为上升趋势中的二次买点。F 点与其他点不同的是，长期上升以后从形态上来看，出现的并不是调整后的低点，而是放量大涨，出货特征明显，理应及时出局。

那么，技术分析的作用到底是什么呢？通过分析，帮助投资人在价格运行中完成买卖，图表中的两条移动平均线分为快速线和慢速线。快速线又称为价格生命线，慢速线称为机构持仓线，代表股价整体运动方向。然而，当价格向下回踩到价格生命线，受到支撑后都会出现一次拉升前的买点，之后便会围绕平均线方向移动，且股价回踩次数越多，表示支撑越有效。需要注意的是E点之后，通常进入高位出货阶段，上升幅度基本完成，继续拉升的理由已经不够充分。所以，在E点之前选择参与都是理想中的操作。

在此期间可以看出，成交量与价格之间的变化。比如交汇点的量能运行平稳，与价格配合基本到位，每一次结束小调整后都以大阳线的形式向上攻击，可谓是调整一周大涨三天的架势。如此保持便可持续，若被打破必有原因。临近高点时，主力表现出最后的疯狂，在连续大涨几天后与2015年6月2日低开，盘中反抽回落的走势结束上升趋势。

盘后必修课——复盘

做一件事情很容易，要坚持做一件事情并做成功却很难。投资市场不缺乏短期盈利者，而是缺乏把盈利持续下去的人。当然，能够做到这一点也并非简单，在思想、毅力上一定是超乎常人的。对此，我本人感同身受，十几年的专业研究和探索，已经养成了复盘的习惯。

每天都在做着重复但不重样的事情，收盘以后你能为自己做点什么，忙碌紧张的一天已经过去大半，接下来是放松休息还是去汇总交易或是开始做收盘功课？只要不是在浪费时间就会有所收获。其实，当你真正了解职业炒手工作流程以后，就不会觉得他们所做的事情轻松而悠闲了。短短几个小时交易时间，既要观察盘面更要防止突如其来的风险，大脑一直都处于紧张状态，肩负的责任非平常人能体会。

所以，职业炒手不像人们想象中的那样，除了正常交易以外，还有很多时间花在对市场、股票的研究上来，没有更多的精力去想其他与交易无关的事情，脑海中已经形成了定向思考的模式，K线、图表、市场的味道无处不在。职责所在，要想将不完美的事情做得完美，就必须付出比常人更多的努力。选股是当务之急，每天都要花几个小时的时间去翻阅、筛选，要的是优中选优的股票。或许有人不会理解，为什么要这样做，难道是在进行短线交易？其实不然，选股是为了提高敏感度，市场潮起潮落，每个阶段的表现都不一样，需要用心去感悟。

除此之外，市场透出的气息会让你做出新的判断，比如，强势过后的选股，其结果是买点出现，但上升幅度有限。相反，弱势止跌后的选股，其结果是买点出现，上升加速。随之而来的必然是价格的转折，太极阴阳，盛则衰，衰而盛。假如不能把时间花在复盘上，相信用不多久你会对市场研判的敏感度降低很多，这个和技术高低没有关系。

也许你会把他们理解成工作狂，也许你会认为他们有脱离现实生活而拒朋友于门外的傲慢，也或许以为他们得了自闭症，整日把自己关在一个安静的办公室里盯着那些红红绿绿的K线图翻来覆去，总之，会有很多人不理解。其实，对于一个职业操盘手来说，这些都是最基本的。如果说宰相肚里能撑船的话，那么，他们的大脑里就一定能撑得下全世界。用一句话来概括：足不出户便知天下事，每日信息的收集随时都在刺激大脑二次发育，哪有时间和精力去应酬。如果不把精力集中在这个上面，怎又能在每次风险到来之前安全规避，在机会来临之时勇敢进入呢。

我的忠告是，世上没有免费的午餐。任何成功都不会是侥幸的，背后必有不为人知的努力，看似烦琐的步骤其实也是通向成功的捷径。相反，看似成功的捷径，其实也是离成功最远的道路。要永远相信"要想人前显贵，必要背后受罪"的道理。

涨停必杀技——狙击密码

提升交易高度，让梦想成为现实，"用狙击密码，盘中换手率大于5%"买入法完成操作。任何股票在爆发之前肯定会有先兆，这一点毫无疑问。那么，推动价格快速上升并冲击涨停的动力又是什么呢？

涨停必杀技——买入必见收益的六个条件：

1. 价格趋势由下降转为上升。
2. 图表分析出现技术买点。
3. 盘中有大资金提前入场。
4. 要求盘中换手率大于5%。
5. 流通盘1亿左右为最佳。
6. 指数保持震荡或上行。

事实上，涨停必杀技在实践中已经被娴熟运用，丰厚的利润已经收入囊中。例如，康斯特在2015年10月9日发出讯号，当日换手率7.57%，上一交易日为7.14%，符合当日5%换手，且价格在平台之上运行，流通盘2040万，技术上达到"涨停必杀技"买入条件。此外，指数红盘震荡上行，一切如鱼得水，岂能不乐乎。

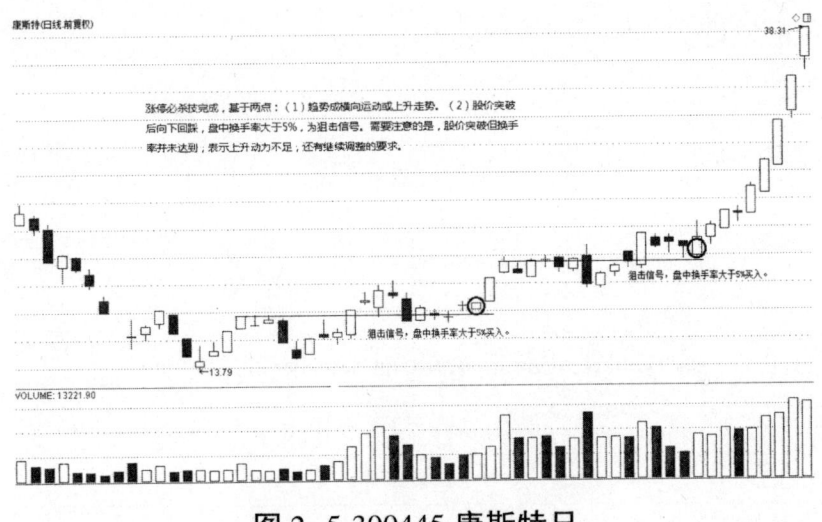

图 2-5 300445 康斯特日

注解：康斯特为狙击密码运作实例，图中红色圆圈标识处是股价满足涨停必杀技买入条件的入场点。

机会总是在运动中出现。例如 2015 年 11 月 2 日，当日换手率 13.01%，上一交易日 7.68%，出现二次狙击密码，符合条件。根据信号提示买入之后，价格便直接进入拉升阶段，在短短几个交易日内，连续走出中阳线和大阳线，动能转换之强，上升速度之快，是绝佳的盈利机会。

就投机而论，涨停必杀技的六个条件都是主力、机构经常使用的手段，你要知道在这个弱肉强食的市场中应该学会怎样生存。寻找机会，抓住机会是最直接的交易手段。看在大家求票若渴的份上，我把狙击密码奉献出来，若能帮到一些朋友那是最好不过的事情了。若不能掌握，请你静下心来，反复阅读和对照实际走势来验证。可以肯定的是，它的价值远远不止我所表达出来的这些。假如你有与我相同的经历，相信通过努力将会得出更有价值的结论。

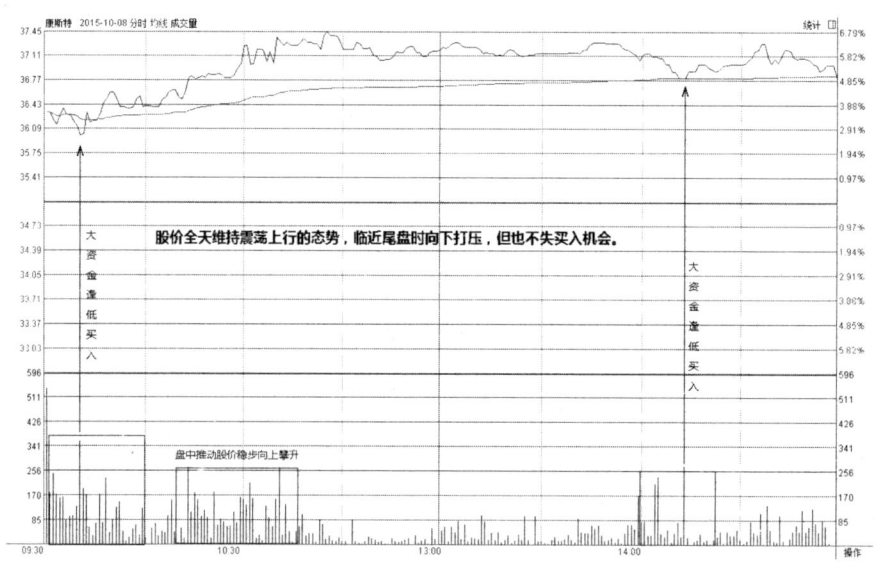

图 2-6　康斯特 2015 年 10 月 8 日资金图

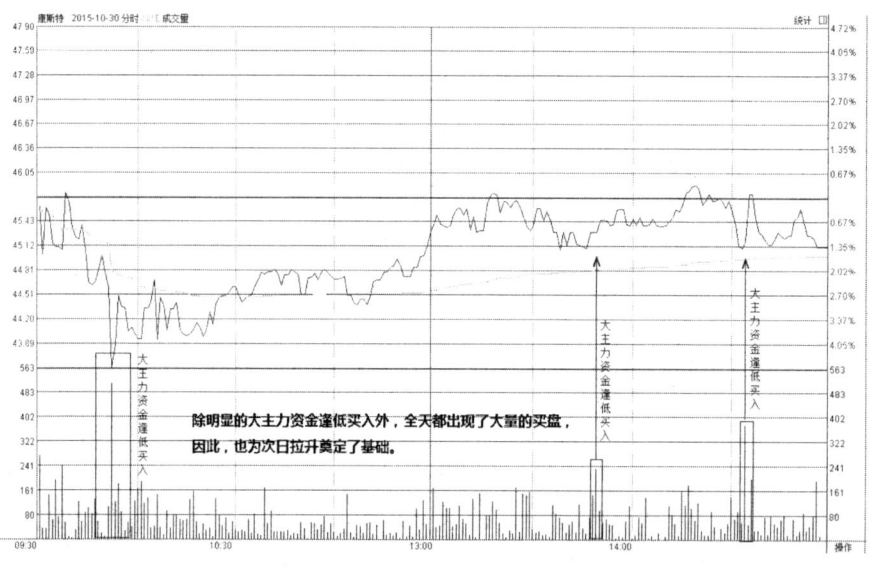

图 2-7　康斯特 2015 年 10 月 30 日资金图

换手率是反映真实成交量大小的指标，个股活跃程度低于5%都属于交投清淡，除了主力前期控盘外，很难形成拉升势头，涨停更是难求。为此，涨停必杀技是专门用来盘中捕捉黑马、疯牛股票的。

分时走势和量能的变化经常会帮助完成这项狙击任务，只要市场环境并不恶劣，我就可以准确无误地把它擒住。假如，市场进入强势状态，做不到这一点你都要怀疑自己智商是从那个星球进化过来的，竟然没有感觉。

指数预测——系统模型

狙击密码历经血雨腥风，简单背后的复杂无须再去细说，成形策略在瞬息万变的市场中得到验证，书中案例基本来于实战。系统模型，除了解决选股、买卖点外还对市场运动方向有着极其敏锐的观察作用。比如，在选股策略监测中符合买入条件的数量越来越少，那盘面就会发生变化，怎么变取决于指数的位置和场内的气氛，但绝不会是上升的前兆。2015年6月12日5178.19点股灾之前有个明显的特征，就是选出来的股票都处于滞涨状态。此后，在历次下跌之前也接连出现同样的特征，结果都是同样的，符合模型的股票越来越少，之前强势股下跌的速度越来越快。

相反，当指数进入下跌尾声时，该策略选出的股票数量都会逐渐增加且走势相对较好，结果都是同样的，符合模型买入的股票越来越多，之前超跌个股反弹力度也越来越大。

买入信号提示后，价格都能朝预想的方向移动。例如，朗姿股份、新宁物流、金宇车城等一些牛股就是在指数下跌至2850点附近时被系统检测出来的。可以说，我的当时账面收益中，它们占到了很大的比重，并且都是重仓参与，半夜依然能睡得着觉，并且还睡得很沉。

在此，没有任何吹嘘之意，是对交易策略的信任。摒弃人性思维很多不利因素，每位投资人都可以在实践中塑造出独具个性的交易模型，提升理论功底，让基础分析能力变得更加接地气，用自己喜欢的方式去操作股票，很快就会总结出一套量身定制的系统，而它将会帮助你在股票投资或投机中对市场走势研判、个股图表分析以及买卖点把握有很大帮助。

之所以有这样的想法，是你的投机事业不会进行到这里就结束，日后管理的资金必定会越来越大，单靠主观上的判断恐怕难以胜任。为此，必须要有一套经过市场长期验证后的成功方法来胜任。从现在开始不要把思维局限在现有的分析层面上，对大势研判、个股选择和关键点的研究成果，用程式把它制定出来并执行就好。

以静制动——回归常态

价格演绎诠释人性，上升下降、疯狂消极，蝴蝶效应在变幻莫测的市场中反复轮回。疯狂之后是冷静，悲观消极之后是从容，踏准节拍才是王道。大势成就梦想，弱势市场赚钱不易的道理大家都懂，要做到却不是一件容易的事情，虽然我们会这样认为，不过还是有人做到了。

万有引力大师牛顿曾经在回忆自己投资经历时有这样的叙述："我能计算出来天体运行的轨迹，却难以预料到人类的疯狂，疯狂过后人们冷静下来，到底是什么放大了贪婪。"

是的，理智在疯狂市场中几无立足之地，贪婪的不断放大是导致亏损的根本原因，那么，又是什么导致这一结果？财富幻想，牛市尾声，能够推动价格进入不合理高估区域的，只能是自我放大的金钱泡沫让欲望超越现实，否则，怎么可能在脱离低估区域一倍或几倍的位置还疯狂买入股票呢？

这是一个非常可怕的现象，每每想起股市见顶时的情景，我都在思考同一个问题，用什么样的方式可以降低不幸者的遭遇呢。然而，至今都没能如愿以偿，希望本书出版以后可以给我的同伴们带来一点启发，也算尽点绵薄之力。

假如，换个思维，换种操作，结果一定不会是现在的样子。冷静背后是对市场走势的默认，疯狂无知把自己放在了泰山顶上，半推半就，成形的雪（血）球失去助力以后，所能选择的方向必然是朝阻力薄弱的一方滚动，可以想象到后果的严重性。往往是在坠落的过程中打得你措手不及，即使躲在一旁也多少会受到影响，更何况是参与其中呢。

冷静思考，清醒对待，等到雪（血）球滚动到谷底重新聚集能量再参与其中又何妨？相比波峰机会要多得多，不是吗？我们能做的不是改变市场，而是顺应走势。财富累积的背后一定是过人本领，未到谷底的雪（血）球还可能出现最后一击，半路石块的阻挡只能稍稍延缓下行的速度，但不会像地面那样坚实。

血的教训告诉我，以静制动、等待市场回归合理区间再去考虑是否有进场参与的意义是对自己最有利的决定。永远不要孤注一掷，市场走势不必须反映市场的本质，而是反映投资者和投机者对市场的预期，也许配对已经结束，却依然有人翩翩起舞。

对于你来说，又何必要为了一时的快感如此冒险呢。没有要劝说你的意思，只是以我的经历，当市场没有恢复上升元气的时候，它就不会有你想象的那么健康。

2.2 规则二：怎样从技术形态看懂资金流向

万物运动皆有规律，股市也不例外。价格波动轮回演绎只是一种表象，而在其背后推演的是人性，引导人性发生变化的是资金的流动，因此，最终决定价格变动方向的主要推手是人性动用的工具，通过各种手段在市场中挥洒智慧的结果。

资金体系和使用者向来神秘，外界已经把这个神秘引擎当作是激起股价波动的涟漪，一旦消息被证实真伪后，就会瞬息流动，而作为工具的使用者来说又潜移默化地决定着市场的方向，在外界理解上应该是这样。就比如股灾发生以后，很多人会把矛头指向做空者，认为是他们给市场施加的压力和高杠杆融资的强行平仓，认为是大资金出逃和高位做空机制所导致。那么，客观因素在决定交易成功与失败的过程中又有多少比重，主观判断应该在交易中起到怎样的作用，如果最后的借口可以挽回损失的话，会有很多人愿意去做这样的事情。

然而，主力资金由非常专业的人员来进行管理操作，他们对市场极其敏感，在风险与收益面前选择往往会将风险放在首位，才能不辱使命。除非在特殊的要求下才会被动解除风险的警铃。

那么，真实的资金流动在市场中又是一种怎样的情况？趋势运行、K线形态、图形演变都将成为各主力资金使用者们用做价格交易的障眼法，在价格跌宕起伏中摆出进攻还是防守、冲锋还是撤退的阵势。因此，就能联想到K线走势、价格形态的多变演绎，最后形成一条连绵不断的曲线趋势。

当然，这都是后话，将这些较为神秘的面纱揭开才是重点。K线演绎反映真实的变动，每一种K线形态都会对未来价格产生技术上的影响并被场内外投资人所应用。

K线形态包罗万象

价格变动在K线上体现，意图在形态中产生，资金进出看形态，涨跌速率在动能，股市万象尽在K线中。弄清K线在演绎中的真实意义，就解决了交易中一个很大的难题，所以，作为交易者必须要完成这项使命才能得到市场给予的奖励。

K线变化形式各异，其中导致未来价格发生重大变化的是：

上升趋势运行中出现的大阳线与小阴线。这对后期走势有着决定性的作用，其中大阳线及其出现位置是暴露主力真实意图的过程。如图2-8量子高科，在经历连续阳线之后又出现小阴线，走势上呈现出拉高出货的迹象，实际上是量能配合有加，途中将不坚定筹码洗出去，目的是为了自己可以在大幅拉升前收集到更多的廉价筹码，好在将来卖个高价。所以，K线形态虽然有点惊人，但在量能方面并未有特殊的表现，经过实践证明，这一点只有涨跌速率的方法才能做到。因此，可以判定是拉升前的一次蓄势，并不是主力真正在出货。

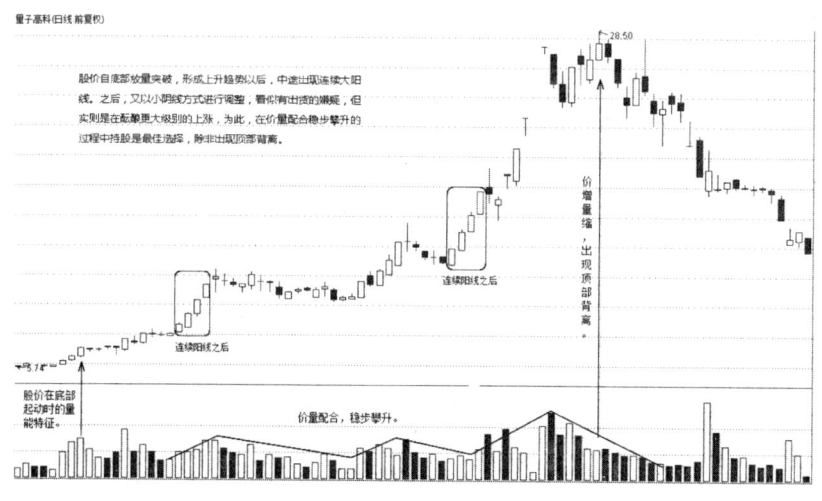

图 2-8　300149 量子高科

注解：上升趋势中出现的调整小阴线与上涨大阳线，是多空转变时的信号，即价量配合，稳步推进。若量增价缩，打破原有走势格局，便成为转折信号。

现在对其做一说明。量子高科趋势运动特征，于 2015 年 3 月 16 日以收盘价 6.19 元突破底部平台，打开上升空间。现象是：

1. 价格上升成交量放大，价格回调成交量缩小，紧密配合持续推进，如图中两处大阳线之后出现小阴线的标示。

2. 2015 年 6 月 8 日出现低开高走并在盘中封死涨停，与之前所不同的是，在图表上出现价增量缩的现象，之后价格与成交量成相反走势，明显背离。

那么，在实际操作中如何完整参与拉升阶段，并与主力保持共进退呢？图中已经有了详细的描绘，只要在趋势推进的过程中量价配合正常就可以放心持有头寸，直至其中一方发生转变。

下降趋势中出现的小阳线与大阴线。小阳线与大阴线，涨不动跌得惨，不是调整就是头。任何表象都不简单，大阳线之后的小阳线在 K 线动能方面已经开始递减，其意不言自明，若有意拉升何必又放任衰落。为此，在真实的交易中没有太多时间容你考虑，一旦有大阴线出现便是另一种走势的开始。这一点深信不疑，历次风险规避中都起到了重要作用，而且事后验证非常正确。例如图 2-9 中青宝走势，反弹无力由小阳线变为大阴线。

图 2-9　300052 中青宝

注解： 下降趋势运行中在没有完全形成反转之前，所有的上涨都被视为是反弹，而阳线的大小则表示上升速率。一旦动力衰竭便会转为阴线并由小到大持续运行，这是卖空资金不断出现的原因。

你难以承受大阴线所带来的灾难，每一次它都会以不同的形式出现。不要去妄加揣测它会对你存有怜悯之心，这是一个非常奢侈的想法。作为交易者必须具备敏锐的洞察力和执行力，将价格真实的表象快速传送到大脑的主程序当中，大阴线有可能就会是一个断头台，结束交易是最直截了当的事情。

蓄势待发，小阳之后必见大阳。相信我们都有共同的爱好，在购买某只股票之后能够不断向上运行，这是最理想的走势。真实的交易也必将如此，底部区域价格稳健攀升且小阳小阴连绵不断形成上升走势。例如图2-10天泽信息，2015年3月17日以收盘16.17元的价格完成突破至2015年4月13日最高40.06元的价格，短短19个交易日，涨幅142.51%。

能够有此涨幅原因是股价在价值中枢地带盘旋，不断酝酿上升机会，启动只是一个时间与空间的转换过程。类似天泽信息走势的股票在市场中会有很多，只是不常被人发现和捕捉。

这并不奇怪，奇怪的是参与者对利益本身的内心恐慌难以让人理解，当你获得收益越多的同时内心恐慌也在随之增加，且这种恐慌会不断持续下去，直至交易结束。

真实价格的变动在诸多参与者眼中通常会产生幻觉，持续增强的走势可能被认为是价格已经很高，随时都可能出现大跌，头部形成也许就在卖出股票之后，看似预判已经到了炉火纯青的地步，其实都是无稽之谈。只是把个人想法强加给市场，让市场来迎合自己，而不是自己去迎合市场，当然，除此之外，也很难找到合适的理由来说服自己。事情的经过是相反的，股价非但没有向下，而是上升动能愈发强劲，也许是境界的不同，才出现看山是山，看山不是山的幻影。图表的走势就是最为真实的，且没有掺杂任何个人不良情绪在里面，完全是以真实的走势作为分析依据,天泽信息案例已经证明了这一事实,小阳之后逐渐变成大阳K线,除了不断向上跳空走势的阳线之外真看不出还有什么假象在里面。一切都配合得那样完美,底部构筑,平台突破,上升空间打开,在控盘能力达到一定比例时出现拉升。

我一直都这样认为,因为没有理由去反驳它。深知与它作对的后果,曾几何时,在这样的经历中已经损失惨重,现在不再可能出现重蹈覆辙的事情,可以非常清楚地把它刻在脑子里,所能做的就是适应这个过程。

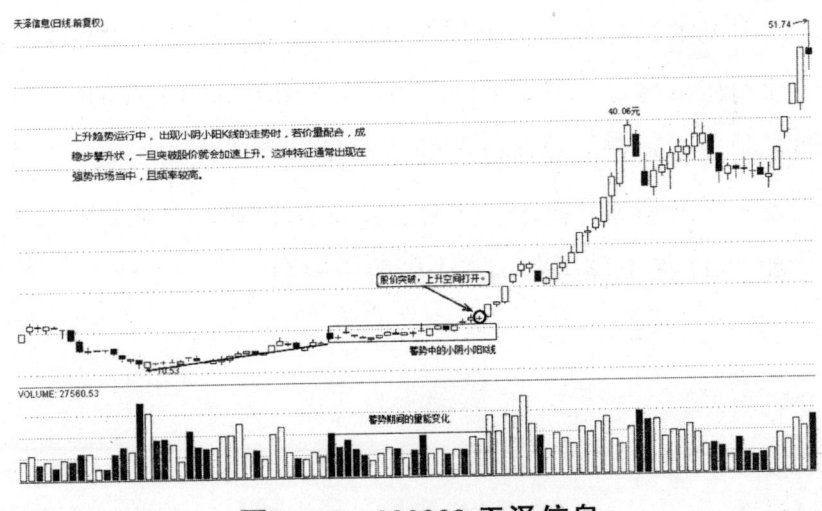

图2-10　300209 天泽信息

注解：当价格给出买入信号以后,积极参与并在上升动能持续增强的过程中加码买入,直至动能减弱,买盘资金出现观望时考虑出局否则绝不停止。

你一定听过不要试图与趋势运行方向作对的说法,如今的说法还有,在价格动能增强的过程中不要用反向思维去理解真实走势。

引用沃伦·巴菲特的话，如果"你想成为一名伟大的交易者就一定是个与众不同的践行者"。请不要把价格最真实的一面抛弃掉，希望能在突破或连续出现大阳线的同时还能参与其中并积极买入。

动能易变，趋势难改。涨跌速率对各主力资金的监测有着非常敏锐的嗅觉，它告诉的不仅是价格形成的高点与低点，而是高点和低点形成之前发现某股票主力资金的进出，在价格出现大幅变动前做出的决定。如上证指数从5178.19点高点到2850.71低点之间的变化，当时涨跌速率对资金流动做出的全面监测。现在回看5178.19点之前的价格走势，在高位已经连续出现三次吊颈线，上升动能已经衰竭，不相信事实的是人心，并非价格本身。

带有融资融券高杠杆的股票市场变相成为另一个期货市场，一旦趋势发生转变，等待已久的空头势力就会快速买入，甚至还会引发大量的恐慌盘抛售，虽然，不愿意看到，但结果还是发生了。如2-11图上证指数运行中的资金流向。

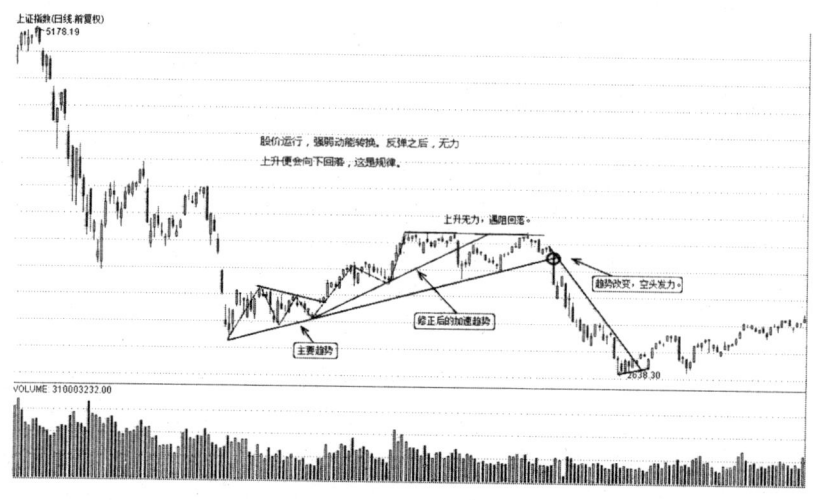

图2-11　上证指数

注解： 当多头意愿被连续抵制后，市场也会重新作出选择，并被空头绑架，无奈被迫成为同伙。

俗话说，一朝被蛇咬，十年怕井绳。当风险来临，人人自危。上证指数进入 2850 点以后，K 线形态的变化是多空双方博弈的结果，做空者似乎并不甘心，而场外也是呼声一片。大跌之后出现的大阳线是最好的多头反击，价随人愿反弹 834 点，但在整个运行过程中也略显主力的谨慎，3600 点整数关口，无量上涨已经失去了参与的价值。当时，比较明显的特征就是热点板块越来越少，上升力度也逐渐偏向弱方，盘面显示观望气氛较浓。

另外，模型中也不再有符合标准的股票选出，系统信号提示多为卖出，预示反弹行情结束。虽然我们还不能确定未来价格就一定会下跌至 2638.30 点，可以判定的是上升动力已经减弱，随即而来的便是空头的不断加码，大跌只是一个时间问题。当真正的风险还没到来时，退守场外是明智的选择。假如等到主力完全把筹码抛售一空，再去考虑卖出股票，则为时已晚。因此，了解主力的运作手法及意图就会任重而道远。

主力运作手法

接下来我为大家讲解另一种神秘的运作手法，在业界有这样的美誉，假如操作某只股票时能够通过内幕消息提前得到主力的操盘计划（主力运作图），那便是一桩成功的买卖。没错，这就是王牌。大主力、机构真正的影响力是其手里掌握的资金和专业的操盘水平,任市场风云变化总有盈利的办法。或是高度控盘,或是联合持股,即便在漫长的熊市里也能更胜一筹,手段屡试不爽。

从基本面看,一只股票投资价值的高低,是其在社会、行业、经营管理中有着怎样的独特之处决定的,简单来说就是上市公司未来发展蓝图决定股票投资价值。例如,之前市场变革发展中起来的科技、互联网、锂电池等小盘概念类股票,投机的热度就远胜于传统行业,企业盈利在市场上也有很大想象空间,发展规划清晰可见。

技术上创中小板市场又一直保持强劲的上升势头,所以,机构投资者为了追求绝对收益也会将心思放在这上来。交投活跃,流通盘适中,借助市场的轮回运动进行低价买入,就当前主力运作习惯来看收敛三角形、头肩底和多重底形态在调整中较为常见,且从多个角度综合分析对推动未来股价有着很好的持久力。如图2-12莱美药业,开始拉升之前的三角形底部整理形态,高点与次高点依次向下,低点与次低点逐步向上抬高并构筑底部形态。

价格突破,形态完成,方向改变。

底部收集筹码时间越长,未来的上升空间就越大。300006莱美药业于2015年3月2日放量大涨,当日以9.83%的涨幅向上突破,结束历时90个交易日的筑底(底部收敛性三角形),之后又在72个交易日内上涨140.76%,形成一波强劲的上涨,与筑底时间也是有的一拼。

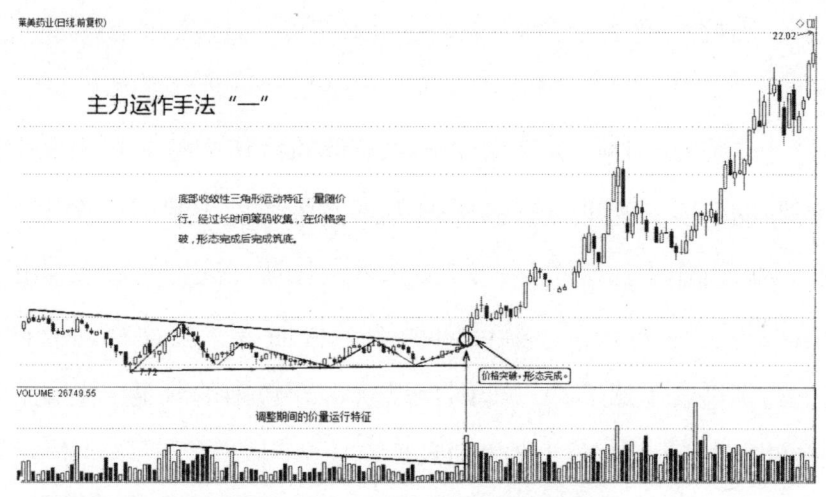

图 2-12　300006 莱美药业

注解：底部收敛性三角形形态演变中的资金流向特征，短期看似有制造拉多头的假象，但从整个形态上分析仍处于一个底部吸筹的过程。

对此，判断底部吸筹时间长短需要通过两个指标的验证：

1. 指数运行方向和所处的位置。
2. 价格形态在底部运行时间和形态的类别。

放弃调整期间的参与是对走势提前做出的预判，尤其是收敛三角形形态走到最后，空间越来越窄，几乎没有任何操作意义。所能构成的买点只是在突破以后并得到确认出现的关键点，才是最佳时机。

除此之外，只能放弃。这是不将自己陷入进退两难之地的最好办法。回顾以往的交易，当出现若隐若现 K 线诱惑时，未能控制好自己的思绪提前入场，试着让市场来迎合我的想法。然而，结果证明这种一厢情愿的想法只属于自己，与市场没有关系。因此，谨慎选择时机是绝对必要的，操之过急总要付出代价。

之前曾有论述，关于横向运动走势的操作方法。提出采取低吸高抛的手段，遇低点支撑反弹买入，遇高点压制回落卖出。现在从主力运作手法来更深一层次分析，长期在底部区域反复运动的结果将会令人兴奋。就横向运动走势而言，波动空间有高有低，高则适合低吸高抛，低则难以获得理想中的收益。对此，所能做的就是耐心等待时机的到来。

调整期间，上下运动，也许一周，也许数月，理论上没有期限，所有可能产生的结果都要看主力脸色。例如，图2-13如意集团走势，在2015年1月16日以16.98元的收盘价向上突破平台，并结束历时三个月横向趋势。

突破后边拉边调，于1月29日正式发起攻击，期间一路狂奔，在近四个月时间内价格逼近135.45元，涨幅达486.50%，是强势中的强势。

那么，主力拉升之前到底做了怎样的布局，又是采用了怎样的吸筹手段？下面进行探讨。指数进入下降末期开始调整，而该股选择的洗盘吸筹方式是在低位窄幅震荡，技术上没有什么特别的地方，在弱势市场中类似走势会有很多，也就是说无须对其做更深的了解，执行交易准则便可。

切不可犯我曾经犯过的错误，一厢情愿地买入结果必然为主力做嫁衣，根本捞不到什么好处，到头来只能是在思绪混乱后选择出局，所付出的代价便是耗去大量的精力和失去价格拉升时的参与。虽然，不希望你还会顺着老路走下去，但这终究是一种想法，能不能解决现实问题还要看实际行动。前者告诉你怎样避免过早买入，后者告你一旦误入歧途应该学会怎样自救，方向没有改变岂能妄想它会按照自己的意愿继续前行，果断结束纸上富贵的美梦是捕捉未来大幅上升的最后筹码，如果把它失去将不再有机会。

早已有言在先，横向运动是一种趋势，时间可短、可长，作为投机者没有义务去改变这个已经存在的事实。相信，仅凭势单力薄的你也无法改变。正确的方式应该是让其自身来解决这种困局，在努力突破调整平台后锦上添花，是投机者生存的唯一选择。

适者生存的道理告诉我们，市场不会因为你买入股票它就要上涨，而恰恰相反，正是因为市场上涨而买入股票才有机会获利。主力的想法也一样，借助大势上涨拉升出货的机会远比在弱势市场等待接盘容易得多，为此，请你时刻保持清晰的头脑，按照自己的交易规则进行，这是忠告。我的话说得似乎已经有点多了，为了不让你感到厌烦，还是转移到另一个话题，如何在突破时买入和怎样在上升中顺利完成交易。

底部长时间横盘的原因是主力将价格空间锁定在某一个区域内形成的窄幅波动或是宽幅波动，目的有二：

1. 整体市场处在一个相对低迷消极的状态，唯有收集到足够的筹码在未来的运作中才有更加可靠的获利。

2. 清洗浮动筹码，将持股信心不坚定者逐渐清洗出去，把看好长线投资的人吸引进来，为的是完成预定的联合控盘计划。

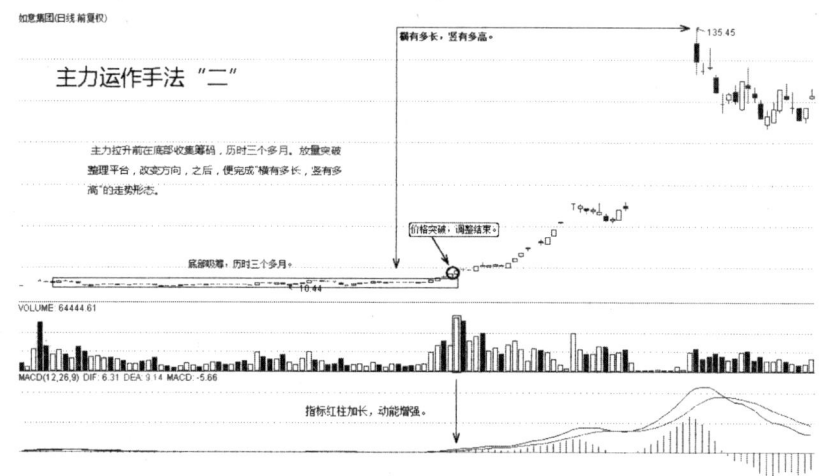

图 2-13　000626 如意集团

注解：通过在底部长时间洗盘将浮动筹码逐一清洗出去，在控制持仓成本的同时将长线投资资金引进市场，以完成联合控盘计划。

可以提前预料的是这种走势属于底部长期横向运动，虽然并未突破，肯定的是未来必会大涨，关键就在突破点。那么，为何会如此肯定？这是对趋势运行的准确研判，不知你是否还记得三种趋势的变化。当经历长期下降之后，股价就会进入筑底阶段，可以是各种图形形态的演变，也可以是横向运动走势，都会有一个过程。也就是说，现在的横向运动只是为了将来更好地上涨，所以，运行时间越长底部就越扎实，相对未来上升持续的时间就越久。

完整的交易是自始至终，有买入就会有卖出。突破点买入，那么要在怎样的位置卖出呢？常言道，送佛送到西，既然你已经掌握了买入要领，那卖出也应提上日程。不过卖出并没有像买入那样简单，对投机者有很高的要求，这也正是"会买的是徒弟，会卖的是师傅"说法成立的原因。以我个人而言,在执行交易策略时常常会以实际动态作为卖出信号。举例,当价格自买入点起,未来的上升空间是根据买入点之前底部形态完成大小来决定的,如意集团在后期之所以有惊人的走势,很大程度上来自底部持续的时间,若要用"横有多长,竖有多高"来分析的话,那向上翻越5倍也不足为奇。图中已经描绘得非常清楚了。再者,就是策略模型指标在高位与股价形成顶部背离。关于更多卖点,详细内容将在后续章节中陆续讲到。

借此机会,我将利用另一种底部形态来剖析主力手法,并揭示形成未来走势的运作过程。与前面论述的两个底部形态不同的是,这次提出的是多变形态,如图2-14道明光学,即有三角形形态,也有头肩底形态的演变,也就是说主力为了夯实底部煞费苦心,但最终还是难逃法眼。

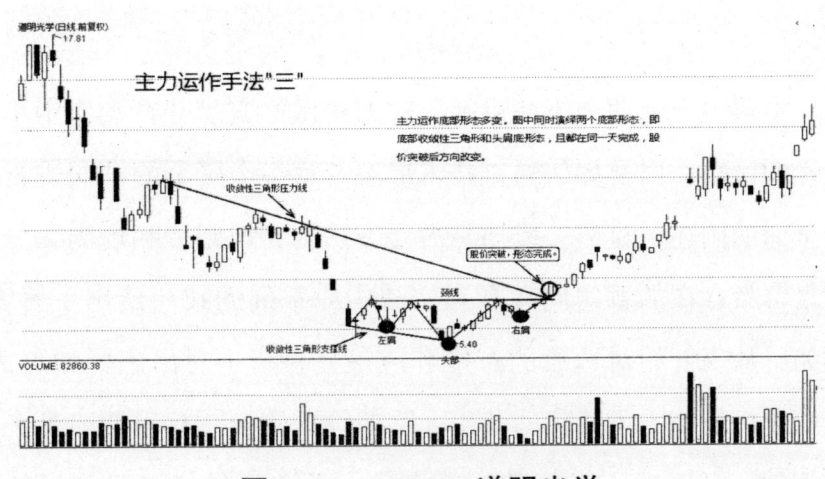

图2-14　002632道明光学

注解:利用形态和量能的变化发现主力运作的真实意愿并从中找到合适的介入点,这便是描绘图形的要点。

底部运作,先是经历一波下降趋势,并在快速下跌中放大乖离率(股价与下降趋势线的距离不断扩大),这一点始终正确。其次是,在远离趋势构筑的头肩底形态,如图中标示处(左肩,头部,右肩和颈线),同时于2015年10月12日,以高开高走的K线形态完成突破,彻底改变了运动方向。

因此,辨识底部就可以预知未来,两者通常都有紧密联系,历史与现实轮回已经证明。现在你可以通过所描绘图形清楚地看到,自价格突破颈线和趋势线时,左右两端下跌与上升空间的对称。按照我所给出的交易规则在突破时买入,此后便可享受上升时的喜悦。此外,关于一些交易中的投资要点和主要事情将在第三章内容中阐述。

小 结

本章内容从两个方面讲解,对怎样做好交易并在操作中采用怎样的策略,以及如何通过技术形态观察主力资金的动向进行了较全面的阐述。显然,成功是需要方法的,规则一和规则二分别对投资者存在的普遍问题和在实战中应掌握的技巧给出了答案。例如,从一开始对选股的态度和应该在投资中付出怎样的努力。股票投机是个不可替代的营生,除非你把资金全权委托给某个机构管理,可以放心去处理其他事宜,否则就只能按照我说的去做,这条路已经缔造出数位大咖和众多千万富翁。

规则一,用策略模型捕捉牛股的实盘技法覆盖以下几点:

1. 以伯乐的眼光在数千只股票里选出最有投资价值的个股。

2. 无论市场如何变化，始终抓住炒热点的准绳，唯有此才能提高成功概率。

3. 强中自有强中手，用简单的技巧完成复杂的交易。

4. 静待时机到来，选时选点，买在将涨时。

5. 做好每日休市后的功课，让复盘的习惯成为盈利的基石。

6. 用狙击密码猎杀涨停个股，强势市场大胆使用。

7. 对指数动态时刻保持敏锐的嗅觉，随时做出调整。

8. 以静制动，等待下一次机会的出现，回归常态后也许是最好的修身养性时间，成为一个完整的操作体系。

规则二，怎样从技术形态上看懂资金流向，讲述了股价的运动速率和吸筹时的特征。成功没有捷径，不同行情下有着不同的应对策略。直白地说，投机是一门学问，更是一门艺术，它不拘泥于某个特征，而是不断地在运动中发现机会。

当把投机事业上升到某个高度时，新的感悟会助你完成每笔交易。这里的高度指的是，已经具备独立操盘能力，且个人思想大于群众思想，并懂得如何利用模型来战胜市场，该入场时入场，该离场时离场，绝不会让欲望驾驭现实之上，就成为真正的赢家。

为此，把从技术形态上看懂资金流向作为投机路上的盘中餐，退守后台细细品味，K线虽有包罗万象之能，主力运作手法也尽显其中，何时为形态筑底，何时为拉升关键点，都在图表与文字中一一阐述。下一章将围绕投资要点进行讲解，也是对本章内容的一点补充。

第3章
掌握投资要点

始终牢记入市目的,用小技巧换大回报。

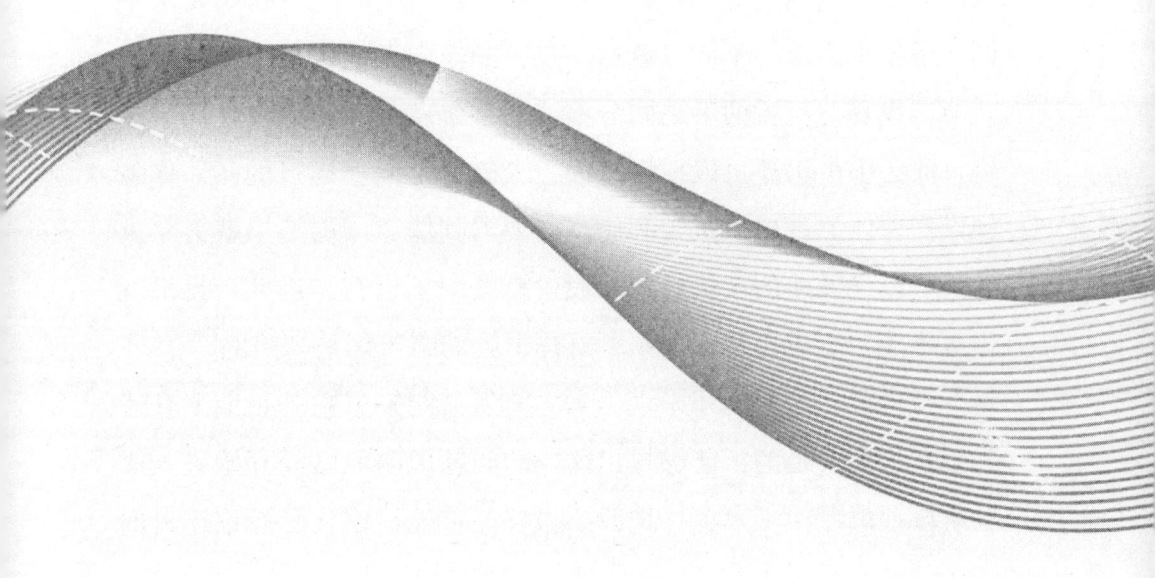

3.1 让利润稳定增长的操作策略

毫无疑问，投资目的是为了赚取收益，过程是为结果服务的。围绕主体进行参与，运用好工具、分享胜利的成果，才能把这艘航行的船行驶得更远、更久。就股票投资来说，有很多不确定因素在里面，比如，指数未来价格运行方向的判断正确与否，政策调控利好、利空发布对走势的影响，场外消息在场内消化的程度等，对交易都会产生影响。抛出这些问题的原因，是我们现在需要弄清楚投资与投机的区别，在以下内容中有很多论述的内容都会提及它们，为了从阅读上能更好地理解，有必要在此说明。

投资考虑的是长期资本利得，最为常见的有股票送配、利润分红和股票价差的收益。而投机考虑的是短期价格的变动，即买入以后就见到利润的那种，只有价差为最终的收益。初始要求不同，运作手法也会不同。就这一点，操作中人们往往会将其混为一谈，投资与投机两者之间分不清的结果就是，错把投机当成投资。放到牛市里还可以说得过去，大趋势是向上运行的，任你怎样操作总体上都应该是盈利的。若要遇到熊市，那结果就会令人懊恼不已，低迷的市场会拖累股价持续向下运行，因此，投机就很有可能转变成投资，当然，这样下去的结果你是知道的。

有人说，当股价还未走出来之前怎又能知道它是长期上升还是短期反弹。是的，能够提出这样的问题说明你已经开始进入成长阶段并思考接下来怎样把股票做好。首先请记住已经论述过的内容：买入股票，投资还是投机的决定因素不在自己身上，只有市场才有决定权，一切要听从大势的指令行事。还记得我们在第一章第二节中讲到的"识破牛熊转折时的价量变化"吗？如果价格正与成交量协调一致并朝图表上描绘的趋势角度倾斜移动，那未来必有一波较大上升行情的出现。反之，价格在偏离所描绘趋势线较远时，出现停顿后转而向下，即使中途出现折返，那也只能当成投机来做，现在你应该明白我说的意思了？就让它带领你完成后面更重要的事情吧。

需要考虑的是，股票投资的关键应该得到以下几个指标验证：

1. 投资人对指数运行方向的判断，且趋势是向上运行，具备这一点买入的成功胜算才能更大一些。

2. 学会尊重并接受现实，不要试图与实际走势唱反调而做无谓的牺牲。某种情况下我们的想法是一致的，如果与市场走势产生分歧的话，那一定是自己的问题。

3. 在错误中总结经验，努力学习看盘和选股方法，黑马疯牛一定是有特征的，没有无缘无故的上涨也没有无缘无故的下跌。掌握核心要点将"两种走势、多种形态、涨跌速率"的12字交易方针运用到实际操作当中，就会形成一套独立的交易模型，战胜自己战胜对手的时刻也就不远了。

指数走势方向决定选股质量。就两种走势下的选股策略也有差别，例如针对上升趋势（正常走势和加速走势）的方法。正常走势成缓慢持续上升，表示市场还在逐渐进入牛市修复阶段，此时的个股表现通常是投机性较强，虽然涨幅非常诱人，但能够把握好的却寥寥无几，往往是看盘时它连续上涨，买入之后便转而下跌，是否能够赚到利润，参与者只好根据自身能力的高低来决定了。而加速走势是市场真正进入牛市阶段，无论买入什么股票都不会担心亏损，就选择来讲，胆量大过数量你就能赢。

其次，是针对下降趋势（正常走势和加速走势）的方法。正常走势本质上不具备投资意义，盘面上的强势个股大多都在顶部徘徊，也许正在等待场外资金的进入，短期内的投机尚可参与，一旦出现亏损应及时了结。总体走势向下运行的局面不会改变，继续等待下去只是愚蠢的做法。要说机会，加速下跌之后才能显现出来。下降走势只有空间和时间到位才能产生行情，二者得一便是机会。个股方面更要选择本轮行情中跌幅较大的股票，当然，除了价格之外，并未看出其他不好的现象发生，将来的反弹力度就会更有爆发力，这是熊市中捕捉大反弹的最好办法。下降的速度越快越深，未来起跳的速度就越快越高。

例如图3-1朗姿股份与指数对比结果是：自2015年6月4日至9月2日期间指数下跌35.64%，而同期朗姿股份则下跌77.78%，幅度已超一倍之多，属于本轮下降中跌幅较大的个股。根据交易规则，除了下跌幅度以外看不出还有什么更坏的事情发生。由此可以肯定，市场一旦进入止跌区域该股便会发起反弹攻势。物极必反就是这个道理，跌得越深，反弹的力度就越大。

接上述内容，投资还是投机的决定权不在参与者本身，而是市场。如今，市场发出止跌信号，趋势为快速向下移动，按照选股要求，下降应执行超跌反弹策略，即个股跌幅远超于指数且幅度越大越好。根据条件，朗姿股份符合要求，从2015年6月4日最高115元开始，至2015年9月2日最低24.18元。连续下跌之后成腰斩之后再腰斩的低估值股票。根据交易策略买卖法则提示，图中 E 点为左侧买入点，F 点为形态完成突破后的右侧买入点。需要提醒的是，右侧交易策略的安全系统通常要高于左侧。F 点形态完成股价开始上升，且一直保持强劲势头，依照信号买入后，上升幅度达 177.02%。

现象是，价格经过一波快速下降以后，抛盘压力逐步降低，根据当时盘面板块热点切换的变化显示，互联网+服饰概念类股票有先于其他板块启动的迹象，加上第四季度周期性消费概念的炒作等，朗姿股份符合备选条件且与板块内其他股票相比表现略优，故而买入。

科学理性的投资策略有助于长期利润稳定增长，选势、选时恰到好处，一切交易行为都要以这个目标为基础。起初条件不符合，能力达不到没关系，可以在实践中慢慢提高，但不能为谋取短期利益而放弃分析的依据。若是这样，那以后将难以突破，永远把自己放置于一个瓶颈的位置上。

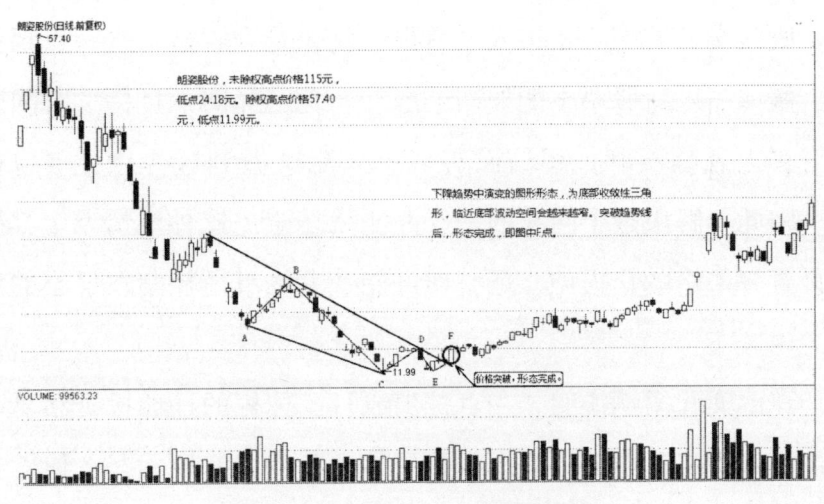

图 3-1　002612 朗姿股份

注解：价格在下降趋势运行中逐渐完成底部收敛性三角形形态，在 F 点确认方向改变后出现买点，技术上已经符合条件，同时下降幅度为本次跌幅之最。

巧用心态做投资，用正确的交易模型去保护心态。股市中每位参与者都是独一无二的，秉性、环境和阅历各不相同，只是有着共同爱好和目的进入市场。所以，除了需要解决硬性技术分析方法之外，软性自我心态的修炼提升更加重要。长此以往，做到心中有数是必要的，成败只是结果，收益高低取决于指数运行方向和投资品种的选择，短线有短线的好处，长线有长线的好处，无论是哪一种，能够符合自己的秉性就是最好的交易。

就个人习惯而言，买卖信号在策略模型中提示，我便跟随买入或是卖出，执行情况来看更加偏向右侧交易，在相对安全的情况下适当加大仓位，但绝不会是在股价中部或者是高位去做这个事情，底部才是首选。

股票交易的核心是买入之后很快就能看到收益，这一点很关键。假如买入后股票不能如期上涨，而是选择向下且持续时间越长对买入者越不利，相信没有多少人能够做到这一点，也包括我。因此，解决这个问题的最好办法就是避免这种事情发生，提前设置好严格的止损位，把一切可能变大的事情控制在最小的范围之内。

在此容我举例说明。一直被当成行业标杆的证券投资私募基金的操作手法是能够得到广大投资人认可的，其原因是：他们有着严格的交易机制，比如买入策略和风控机制往往都是由不同的人来完成的。换言之，买入者所能做的事情就是让买入后的股票随价格奔跑，一旦出现触及风险控制底线的警示就会有人按照风控机制卖出股票。这里面有两层意思：（1）保证已经到手的利润不再大幅缩水。（2）如果买入后的股票未按预期上涨，反而跌破买入价到达预设止损价时就会被严格执行。因此，即便是在不理想的市场中交易，凭此两点也可以保证整体资金的安全，更何况只是拿总资金很小的一部分来建立头寸呢。

也许你想象不到这些玩私募基金的人每天都在做什么，从最小几千万资金的产品到几个亿甚至十几个亿的产品的运作，到底采取怎样的手段在交易。没错，这是一个非常有追溯意义的事情。打个比方，你若是某个基金产品的经理，应该怎样思考把最信任你的客户的资金管理得更好，并在产品到期时能有很好的收益。

暂且不谈你能将这个产品的净值做到多少，这一点我们都很清楚，有个人操盘能力的原因还有市场的因素。假如在一波牛市行情中所管理的产品净值都不能跑赢指数，那就是基金经理的问题了。假如在熊市市场中所管理的产品净值不仅维持在"1"以上，还可以做到比"1"更好的业绩，基金经理的付出是功不可没的。你应该想得到，在这样一个恶劣的市场环境中还能有所收获那已经是非常难得的事情了，多少投资者或投机者都是惨淡收场。

借此机会，让我向你透露一点小秘密。基金经理之所以能够在千变万化的市场中赢得头彩，他们基本都会遵循以下几个原则：

1. 寻找安全的着陆点，在稍有浮盈的基础上提高仓位。

2. 无论是执行左侧交易还是右侧交易，在操作中都有严格的风险控制标准。

3. 只在转折信号出现后开始行动，期间保持走势跟踪状态，不过大多数时间里是处于静默的。

学会止损

股票投资或投机是一门学问更是一门艺术。就操作而言，入市者的目的基本相同，赚钱是大家公认的道理。真实交易的现象是与初衷相反，亏多赚少，以前是这样，将来还会是这样。那么，这其中的原因是什么呢？是交易意识，请把具有独立行为能力的思想放一放，来重新接受一项新的任务。它将告诉你如何做好这项工作，并在以后的交易中不再遭受巨额亏损。

很多人进入市场后都会犯同样一个错误，不管自己会不会，能不能，有没有盈利的基础条件，就想在这里赚取和其他人差别不大的财富。而不是去思考在进行这项投资事业的过程中怎样保证本金的安全。如果说是为了搏命，哪有比股票投资来得更快的市场（期货市场，现货市场或是赌场），也许那里更适合一些。如果是仅为了做好这项投资或投机的事业，请告诉自己，你的安全意识是什么？

先不说要选择怎样的股票作为投资对象，投机事业里没有百分之百的准则，任何一个决定都有风险因子在里面，如果能够控制得好，它将隐匿其中永不出现，假如因为自己的原因而忽略它的存在，即使较小风险因子也会随着时间不断放大，直到风险无法控制。

在从事这项事业的同时，也有前车之鉴可寻。短暂成功算不上真正的成功，财富的大小也不能说明这些问题，更重要的是那句老生常谈的法则，生存是持续下去的唯一理由，只要能做到这一点，你就是真正的成功。

那么，如何把风险控制在最小的范围之内？首先要根据自己可承受的风险比例来决定。根据调查发现，个股亏损幅度在5%分界线和亏损幅度在10%分界线，以及亏损幅度超过20%以上投机者的止损情况来看，人们更愿意选在5%分界线的位置卖出股票。然而，事实上做到这一点并不那样轻松简单。除非你已经把这个意识刻在脑子里了，只要开始交易它就会出现并提示5%的亏损是你可以承受的范围。假如不是这样的话你将如何确保资金的安全，难道是考虑在10%、20%还是更多？

举例，按照5%的亏损比例来定。当买入一只股票后下跌幅度达到预设标准卖出，然而再选择一只股票买入，结果又出现同样的下跌幅度并达到预设标准卖出，以此类推你能承受几次？老话说得好，事不过三，假如连续出手三次都以同样的方式而结束，那这里就存在两个问题：（1）市场没有机会。（2）交易者自己的问题。上述内容已有论述，请对照找出真正的问题。

即便你是一个最愚蠢的倒霉蛋也不至于连续出现这样的问题都无动于衷。我能教给你的是用1000万资金来做交易，应该采取怎样的策略。按照规则首批可参与交易的资金为总资金的30%，也就是300万元，以刚才提出的5%亏损比例执行，分三次建仓取300万中的30%作为第一次买入，那应该是90万，累计三次亏损总额是90万的15%，对执行总体操作计划不会有什么影响。

假如这样还不能解决巨额亏损问题,奉劝自己还是尽早离开市场为好。

为了方便理解,特用图3-2新兴铸管作为分析案例。不敢肯定你的交易喜好与我相同,但交易的目的都是一样的。做不到百分之百的上涨,就必须要做好百分之百的止损,这是能在市场生存下去的唯一办法,不要认为我很啰嗦,如果啰嗦对你有用的话,宁可把它啰嗦下去。

以实盘为例,新兴铸管呈下降走势,途中出现折返运动只是空头部队的暂时休整。三角形整理形态已经说明这个问题,如A点与C点形成的上升趋势和B点与D点形成的下降趋势线所描绘出的形态,F点为突破点,即股价向上突破下降趋势线,有买入信号的提示,这一点毋庸置疑。不幸的是在买入以后价格并未朝预想的方向运行,反倒是选择向下,此时,更需要做的是了结头寸,而不是等待股价重回上升。

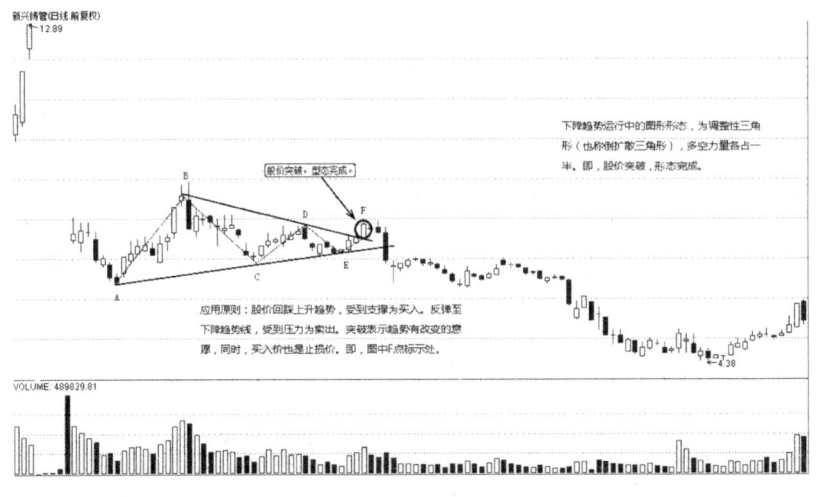

图3-2　000778 新兴铸管

注解: 下降趋势中的三角形形态，多空力量各占一半，所以，通常将买入点预设为止损点。

请时刻保持清醒的头脑，在风险面前要考虑更大的风险，在盈利面前考虑更大的盈利。方向一旦选择，就不会轻易改变，切记，投资与投机的区别，更要知道何时投机与何时投资，莫要把投机变成投资。假如你还在为5%损失耿耿于怀，那在新兴铸管操作上就会痛失资金，下降趋势中调整之后出现的下跌，往往会高于调整之前。关于这一点我将在后续一波三折交易法则中详细讲到。

下面提出两个假如：

1. 利用技术手段在F点突破时买入，之后股价选择向大趋势回归并延续下降走势，假如按照预设止损标准执行的话，在后期操作中起到了怎样的帮助？

2. 当买入以后出现亏损时，未按照预设止损标准执行，将考虑在怎样的位置上了结头寸，假如亏损比例已经超过20%以上，应如何面对？

取值中枢，涨跌循环皆有规律

围绕价值中枢运动是最常见也是最好把握的一种走势，当价值与价格发生变化，并出现较大乖离时，未来价格回归价值的可能性就越大。为此，相对安全的区域应该是在价值中枢附近，例如3-3西山煤电。前值起点为2014年4月29日最低4.95元区域，之后进入上升模式，至2015年6月9日最高点为11.99元，累计涨幅129.08%。

偏离价值中枢区域较大时，回归是迟早的事情。就在价格最高上升至11.99元时，选择向下，并最终在2015年25日5.01元时进入中枢地带。

需要注意的是，脱离价值中枢区域运动的股票，一旦改变趋势选择向下回归就完全失去了参与的价值，只有再次进入中枢才有参与的可能。期间杜绝"高位被套，半路补仓，低位出局"的反向交易，除了严格的止损条件外，等待也很重要。

以实际案例分析，任何一只股票在向价值中枢回归的过程中都可能会出现向上折返走势，但这不能作为买入的依据，投机也许有机会。假如，需要选择的话，我更愿意寻找能够满足个人交易系统的股票作为参与对象，放弃那些根本不具有操作意义的烂茄子。

弱势市场选择在中枢地带盘旋的股票对未来将有帮助，在前文我有对怎样捕捉牛股的论述，其中也包括现在所提到的"价值中枢"。有一点可以证明，市场趋势发生转变以后，担任领涨的基本不是那些还在下降趋势中运行的弱势品种，而是已经拐头向上或是已经在价值中枢区酝酿很久的股票，它们在未来的上升中更容易形成黑马。

因此，假如你是一个投资爱好者，不妨去尝试一下我的方法。在此之前已经有无数的人使用了这样的方法，并从中得到收益。

图 3-3　000983 西山煤电

注解： 价值中枢的理解是，股价除去投机泡沫后的实际估值，也可以理解为是企业信誉的最后一道防线。

3.2　看懂盘口语言并预知未来上升空间

　　这是一个值得探讨的话题，所有对股价走势分析的结果都会落在盘面上，就好比大海里的潮起潮落，总是有人在观赏它。股票市场就是这样，无论是上升还是下降趋势，始终有追随者跟在其后，或许这是一种满足内心需求的方式。然而，从投资或投机的角度去思考，在交易中的每一个决定对以后操作都至关重要。因为，赚取收益才是最终的目的，希望这一点来得不要太晚。

　　相信你是一个具有潜能的人，在以往的操作中也有自己的套路，并时刻利用它来提示操作。没错，如果没有这样经历的话也许你很难听懂我要说的话。挖掘潜能发挥优势，在实践中总结经验，远比受他人摆布更重要。潮起潮落看到的都是表象，而内在本质才是我们所要发现的。虽然，参与者本人会有自己的判断，但都仅限于表面。

那么如何才能透过表象看到本质？这是本节内容研究的重点。用佛学妙语来解释这个问题，即"色即是空，空即是色"。引用到股市，所谓的色就是色相、图表的意思。更贴切一点的理解是，具有一定交易经验的参与者基本都是通过对图表的研究而决定买卖，这里我们可以把它称作是用眼睛交易；还有一部分是通过道听途说、四处打探对自己有利消息的人，可以把他称作是用耳朵在交易；另一部分则是市场中的作手派，已经脱离了对前两者的研究，上升到了一个更高的境界，悟道。也就是空的意思，对此我们可以把它称为用心交易的人。

只有真正用心了，你才能看到多数人看不到的东西。这不是在故弄玄虚，它是真实存在的，当你到了这个层面就自然会明白。

下面我通过几个案例来回答一些问题，既然已经认为靠耳朵交易是最不靠谱的事情，那么恭喜你，一定是进入靠眼睛吃饭的层面了。根据图表操作是最简单最直接的交易方式，它会告诉你现在应该进行怎样的操作。

把钱投在相对安全的地方

就股票操作来说，有两种走势，即上升和下降趋势。那么，你认为把钱放在那里会更有安全保障呢？显然，异口同声的答案是上升趋势，没错，不仅我们会这样认为，就连亏损者当初也是这样认为的。不知道从什么时候他们就开始把钱转投到下降趋势中，现在回想起来也是有点醉了。或许这里面有贪便宜的成分，只有在下降趋势才能买到相对便宜的股票，如果是上升趋势的话，那价格一定是越来越高，对吗，你会这样认为吗？

不仅是你，所有人都会这样认为，其本质在于低点与高点相比，低点永远超不过高点。请保持冷静清晰的头脑，现在正在进行股票交易，能够给投资或投机带来收益的只有价格上升。如果你已经感觉到买入价格越来越低时，那这笔交易正在出现亏损，运行的方向也一定是向下的，否则它就不可能浮亏。而你应该要做的却是买入某只股票以后，价格是向上运行的，这样在账面上才会出现盈利。结果出来，你就应该明白现在要进行怎样的操作。

举例，如图3-4景兴纸业。趋势转为下降之前一直呈上升走势，在两个相对低点处连接起一条上升趋势线，之后在运行中加速上升并提高速率，形成A点。需要注意的是A点标示下的轨道变化，破位之后重回上升，原来的支撑现在反变成压力，出现回落便是短期高点。显然，这个区间已经不适合买入股票，价格逐渐走低，参与者是占不到什么便宜的。

再者，作为大趋势支撑的B点，在价格回落中很快跌破，唯一证明上升趋势存在的信号也已消失，接下来的操作，不管是在什么价位卖出都是对的，只要你不是弱智，就不会有糊涂的事情发生。

如果你已经听懂了，请把心事用在下降之后。上升趋势结束，下降趋势形成，所要参与的并不在趋势持续当中，而是选择在趋势转折以后，即图中另一个B点处。由上升A点至下降B点形成的下降趋势线在 B 点处完结，并在走势上演变成底部三角形形态，表示趋势转折。

切记，趋势改变并不代表就一定会上升，大多数横盘运动都是在下降趋势转变之后出现的，时间或短或长。提前进入难免会遭受底部洗盘时的折磨，只有一个点才是最正确的，那便是突破横向运动整理平台，确定上升无疑时才可放心买入。从投资角度考虑，虽然在趋势改变后就进入相对安全的位置，但离真正的上升还有一段距离，在这期间我要告诉你的只有内心等待，操之过急只会事半功倍。

操作中，把钱投在相对安全的地方是必须要考虑的，比这更重要的是在安全的情况下提高收益，一味地寻找安全绝不是目的。

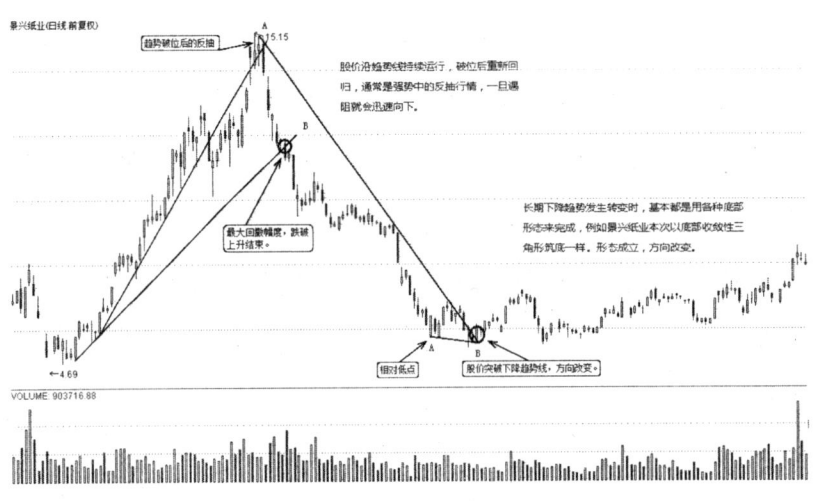

图 3-4　002067 景兴纸业

注解：放弃下降趋势中的运动行情，待信号发出，方向改变以后入场参与，这便是你的选择。

在下降走势中规避风险同样也是一种赚钱的方式。多少年来在记忆中还未出现过无法弥补的亏损，这一功劳应归于交易规则，也许是个性改变了事实。我只是市场中的投机分子，抵抗不了巨额亏损的压力，因此，在错误面前将毫不留情。每当止损卖出以后，股价都会一泻千里，那种兴奋程度可以与买入以后股价连续上升的心情相媲美。

用技术手段来把握未来上升行情

下降趋势转折以后，上升只是一个时间问题。然而，股价走势强弱程度不同将会对未来产生直接影响。通常走势强劲在底部运行的时间相对较短，走势偏弱在底部运行的时间就会较长，由此，它便会形成横向运动的整体趋势，在某个价格区域内上下反复波动。策略上所给出的答案是采取低吸高抛，这是最理想的操作。

简而言之，没有那样的趋势比横向运动更适合做低吸高抛，如果能够遇上那也是财运星的光芒正朝你闪烁，一定会好事连连的。

见图3-5九州药业走势。C点之前为下降趋势，进入底部区域后由ABC三点共同形成一条横向运动趋势。此后，股价便以箱体形式运行，即A点与C点为回落支撑，B点为反弹压力，反复运行。当然，在趋势没有发生转变之前没有人知道它会在什么时间突破，所能做的就是在波动范围之内寻找低买高卖的关键点进行参与，直至方向转变。

因此，把握未来上升行情手段的任务就要放在价格起始阶段。价格底部运行时间较长，且市场处于弱势阶段，那未来必将成为牛股。倘若，价格底部运行时间较短，市场仍处于弱势阶段，即便出现上涨，空间也不会太大，总体上还没有形成天时地利人和的时机。假如，价格底部运行时间较短，市场处于半强势状态，那后期走势很有可能会形成一个波段性走势，上升幅度通常由涨跌速率来决定，详见涨速策略。

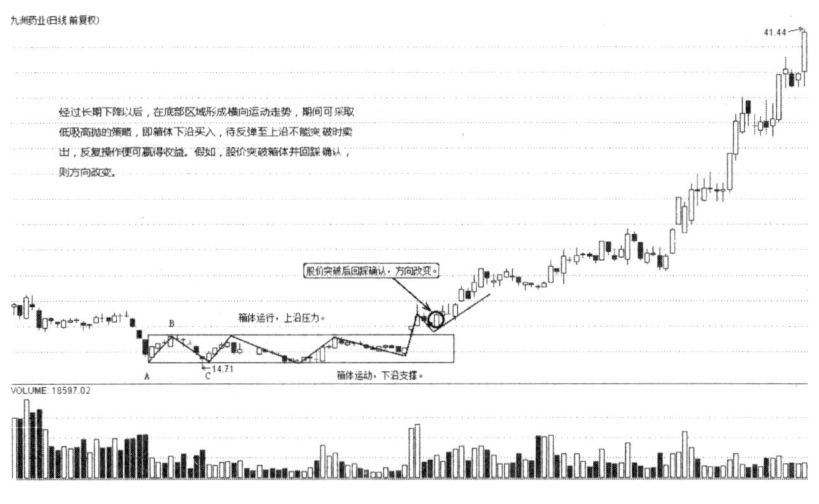

图 3-5　603456 九州药业

注解： 股价在底部区间波动，通常是主力拉低成本清洗浮动筹码的表现，后期一旦打破调整格局便会出现较大幅度的上涨，且调整宽度往往会成为上升幅度的倍数。

请在图中 A 点与 B 点临近的位置参与，辨认股价运动的方法是在不规则中寻找规则，进入箱体下沿就会潜意识地受到支撑。B 点是自箱体下沿至箱体上沿形成的波动空间，当价格上升到临界处时就会潜意识地受到压力。因此，以 C 点之后出现的低点作为买入依据，以 B 点作为卖出依据，反复操作就会有不错的收益。

无论价格怎样变动，研判的方法始终不变。若股价向上突破箱体，箱体上沿便会起到与箱体下沿同样的作用，支撑之上买入，破位止损，这是规则请务必记住。

通过盘口异象决定买卖

关于盘面问题，上述内容啰嗦得似乎有点多了，这里我会尽可能用最少的篇幅来把它们叙述清楚。

成功不是因为战胜了多少对手，而是在战胜对手时能够巧妙地使用方法。看盘不看盘，看盘看异象。就习惯而言，看盘已经成为很多人生活中很重要的一部分，无论人在何处，或是电脑或是手机，都会在交易时间内关注股市价格的变化，并久而久之形成习惯。

不可否认的事实是，移动互联网已经改变了股民的投资或投机环境，客观上也影响到了交易。虽然移动看盘工具解决了部分参与者不能进行正常交易的现实问题，但对于我所说的观察盘口异象的方法，他们却难以享受，因此，这项工作只有通过特定的环境在交易时间内完成，除此之外没有更好的办法。

盘面变化有时缓慢有时激进。缓慢时让你不再想多看它两眼，价格总是在那里小幅波动，交易气氛也进入平淡期，整体感觉就是你看与不看都没有太大的变化。有时激进，激进到你就跟打了鸡血似的，浑身都是力气。看着交投活跃时的价格波动，不由得会冲动起来。

然而，这种现象大多都在下降趋势转变以后，市场进入底部区域的修复阶段出现。激进欢快时买入，缓慢情绪时卖出，这是最普遍的现象，并且这种现象绝不会在短时间内就结束。长此以往，参与者将会失去对市场转折点到来时真正的把握，原因是，在这期间他们已经被折磨得疲惫不堪，略带损失，再没有心情去思考别的什么了。

那么，规避这些问题的办法又是什么呢？下面我将列出几点关于盘口异象的表现以供参考。

1. 盘面异象。上升与下降都会在买卖中形成波澜，唯有在趋势转折之前保持静默状态。没有激进时的大起大落，也没有潜在板块暗流涌动，整体表现出的是冷静与思考，似乎都在等待信号发出，一旦提示出现就会形成大规模的交易，或是买入或是卖出。

2. 拐点特征。价格连续上涨与成交量成反向（价格滞涨、成交量放大和价格上涨、成交量萎缩都会在分时图上表现出来），或出现在指数或出现在个股走势上。其背后的原因是先知先觉者已经在价格拉升之前提前进场，或在下跌之前提前离场，总之，不可能在转势以后才做出决定。

3. 市场何时会出现狂热？结果肯定不会是在价格相对的低点产生，通常情况下是在上升的中部或是尾声时出现，交投气氛良好，市场消息、观点大多偏向于多头一方，这就是风险来临的前兆。

4. 低迷之后必有新高。指数进入跌无可跌之时，股票交投清淡，气氛低迷，长时间保持在一个大的底部区域运行。对于利好或是利空也不以为然，所影响到的程度已经有限。然而，真正大底形成往往是在这种情形下所产生的，正所谓"行情在绝望中产生，犹豫中上涨，在欢乐中死亡"，择机买入是上策。

5. 掌握看盘技巧，在运动中做出决定。只关注日常波动将会忽视趋势、形态和资金的变动，无法做到很精确的判断，对转折时的盘面异象难以捕捉，为此，应该注意两点：（1）盘面资金进出情况，重点在热点板块的龙头个股上；（2）价格走势的方向，处于何种状态，是横向运动还是缓慢上升。

以上几点是价格运动及转折时发生的一些盘面现象，仔细观察它们便会为你指出一条明路，即何时进场、何时离场和在趋势运行中应该采取怎样的操作策略，拥有这几点完全可以解决大众日常交易出现的一些问题了。若要做到更有灵性的交易，就请在股价转折的关键点上做出决定，这是一个非常靠谱的事情。

另外，一些可能干扰你做出正确投资选择的问题是来自场外的消息。伴随价格运动方向，通常会散发出各种各样的消息，它们或是在抑制股价上升，或是在掩护出货，或是引导投资人进入市场，等等。总之，你必须学会如何解读这些消息，并利用它进行交易。

小　结

掌握股市投资要点，必要的交易条件是在价格运行过程中发现新的机会。本章内容包括怎样做好投资并明确区分投资与投机的区别，应该在什么样的市场环境下进行投资或投机。不能将两者混为一谈，既是投机也是投资，这样只会投机不成蚀把米，到头来小钱没赚到反而损失了本金。

第一节：怎样让利润稳定增长 巧用心态做投资是朝一个正确的方向指引，操作上虽然不能做到100%，但在严格的交易规则执行中，一旦出现不利于继续参与下去的走势时，便会果断止损，保证对以后整体计划的顺利实施。

为了尽可能地把风险降到最小，在半强势状态或弱势中把重心放到股票价值中枢上。把它当作是一种生存的方式，价格进入整理区间，面临未来方向选择时，低吸高抛的交易手段会给我们带来较理想的收益，况且它已经经历了无数个这样的走势并取得了很好的成绩。然而，这只是盈利手段中的一种。

第二节：看懂盘口上的语言 首先把钱选择放在一个相对安全的地方，然后，利用技术手段把握未来上升行情。调整结束，新的上升趋势开始，所有的异象都会在盘口上出现，因此，某个时期内决定买卖成功的是盘口。

请回忆我已经讲过的内容，市场的变化有如人类身体的变化，有时是健康的，有时是存在健康隐患的，总之，它不会永远保持一种状态。

第4章
善用消息进行交易

找出信息投放的源头,结合市场走势,必要时反其道而行之。

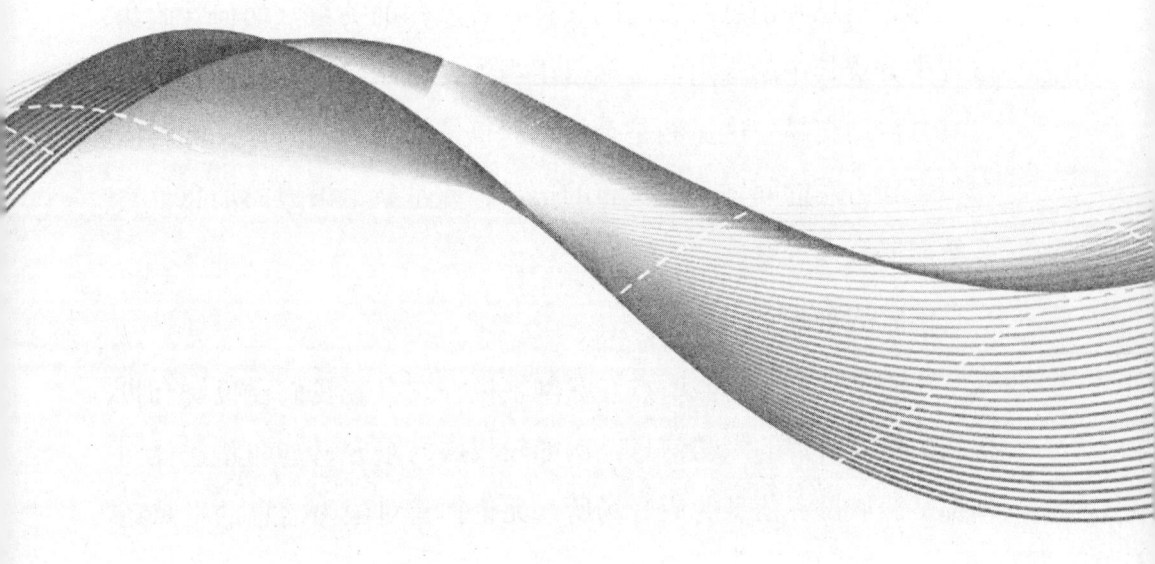

4.1 解读消息真伪需要具备的条件

前面三章内容主要针对如何进行股票交易做了详细的讲解，然而，在这个纷繁复杂的市场中仅有此还不够。当市场进入大转折周期阶段之时，场外人士就会通过各种消息来麻痹场内投资人，以达到某种目的。所以，客观上"善于利用消息进行交易"就成了一条新的交易准则。

市场信息搜集、分析、运用是个简中带繁的程序，在信息大爆炸的时代难以分辨的是信息还是消息，往往在收集和阅读分析中会将两者混在一起。信息代表着某种信号的提示而消息则是为了达到某种目的而向市场投放的一种工具，功能不同，目的自然也就不同。

那么信息和消息两者之间又存在着怎样的关系？如何在收集过程中分辨其中的缘由？实际运用当中又将如何转变成策略上的工具并协助交易？这显然是个烦琐的事情，因为我们每天都将面对很多新出现的问题或是发布的信息，或是某个渠道的消息，它必然需要有人去解读。

信息的来源

作为信息来源的截取点互联网来说，它有着我们在投资和投机当中所要获得的一切信息，例如较权威的东方财富和路透社网站都是获取投资信息的最好场所，无论你是对国内信息的青睐还是对国际市场的了解，它都具有及时发布和更新的能力。作为股票市场参与者能够及时捕捉信息、分解信息对实际操作来说有很大的帮助，尤其是能够捕捉到对市场整体运动方向的预判，也许是政策经济蓝图，也许是行业数据，或者是某个上个公司愿景展望的信息等。例如：

1. 新一届中央领导人提出的一路一带政策对市场长期运动有着推波助澜的作用。当然，刚开始的影响层面未必就会如想象中的那样广阔，这需要时间慢慢消化，局部性的受益已经见到成效。例如600436片仔癀、中远航运等股票走势的显现。

2. 世界互联网乌镇大会透露出的信号关乎百姓的方方面面，较为突出的是百姓的生活习惯、消费概念，也许这仅仅只是一个开始，未来的数据还将围绕互联网概念进行发展。相关股票已经证实，例如002095生意宝、600570恒生电子等。

3. 互联网金融体制改革促进实体经济健康发展，改革必会创新，创新就有可能犯错，在错误中解决问题，在问题中找到出路是个必然的过程。时任证监会主席刘士余先生在某会议上的讲话内容一经透露，之后指数便进入寻底的过程。

因此，战略性信息是个长期消化的过程，不可与短期刺激性信息同类相比。战略性信息有改变趋势发展的作用，而刺激性信息只能是在趋势运行的过程中起到一点暂缓作用，对长期发展不构成危险。例如：

1. 央行出台货币政策对存款准备金率、同业拆借利率的调整，对资本市场的冲击层面都是短暂的，待市场信息消化以后价格仍旧向原趋势方向运动。

2. 行业采购经理人 PMI 指数、CPI 居民消费指数、GDP 国内生产总值指数等只是短期内的某种调控而已。

3. 上市公司经营业绩财务报告的数据或是突发性事件的影响都对趋势难以构成威胁。

那么，除此之外更多需要关注些什么？以上内容包含其中，在搜集和分析当中需要重新提炼，所有的信息都会有时间效应，也许是现在，也许是未来的某一天，某一时间段都有可能产生作用。然而，日常所搜集和关注到的媒体股评、网络名人文章及投资观点的论述，在投机中或多或少都在影响着投资人的情绪，作为市场的参与者提供有助于帮助交易成功内容的信息当然是好事，但在理解程度上不能保证看到信息的每一位参与者都有具备独立分析信息的能力，所以信息产生作用的大小根本原因不在信息本身而是解读信息的人。例如 2016 年 2 月 18 日全国社保基金给多家境内委托管理人划账总计约 100 亿元人民币的资金，用于在二级市场购买股票的消息应该怎样去理解？首先可以被解读成是消息同时也是信息，信息是 100 亿资金的划账在潜意识里已经默认了市场进入了一个相对的底部区域，长期来看具备了稳定向上发展的潜力。消息方面对市场短期止跌的肯定从而提振股市信心，对此，后期指数上升已经证明了这一点。

信息伴随股价的运动方向进行投放

熔断后的上证指数价格已经向下突破 2850.71 点的新低至 2638.30 点，利好、利空消息随着时间的推移也逐渐消化殆尽，利空渐尽就是利好，即使短期内在价格上出现微弱走势但对长期走势都是朝向好的方向发展。2016 年 2 月 20 日上午新华社发布信息，称原农行董事长刘士余出任中国证监会党委书记、主席的消息发出，在各大网站和微信朋友圈迅速转发"换帅行情，提振信心"，次日上证指数高开高走全天上涨67.16点（谐音六十余点），价格形态上也已经完成底部三角形形态的突破。

回看股灾前前后后的消息，5178.19点之前当市场进入最后狂热阶段时，有消息称，4月份数据显示，中央汇金退出股票二级市场。但始料未及的是，市场人士对此消息解读以后，认为市场有进入滞涨区间的可能，保持谨慎交易的团体和个人开始逐渐离场。市场创新融资融券的推出，在券商板块集体的带动下促使牛市行情发展；同时也因融资融券的杠杆效应，在市场进入滞涨时期出现踩踏事件，快速下跌和融资盘的强行平仓导致市场下跌越来越严重。从正常的价格回调演变成惊世骇俗的股灾，并引起中央领导人的高度重视，墙倒众人推的心理，把价格一度推向了2850点。

之后，由中国人民银行牵头给中央证金、汇金公司提供资金进入股市维稳，响应政策号召，券商、上市公司自救等众多方式遏制市场做空。随着护盘资金的不断进入，创业板与中小板掀起反弹的高潮，引导市场平稳运行，个股普遍上涨一倍以上。未成想到的是，大伤元气的资本市场在修复式行情微弱运行中又推出了熔断机制（也许是正确的事情，选择在错误的时间上来做的结果），无疑是给市场又下了猛药，盘中连续熔断在投资人还没有搞清楚熔断机制是什么的情况下，已经连续触及熔断停止交易。

2015年对于中国股市来说注定是不平凡的一年，杠杆交易背后的问题是护盘资金入场也悉数被套，私募结构化产品多数被

清盘。

坏事走完必定是好事，价格下行的过程中利好利空被一一消化后，市场再一次以底部三角形形态的走势结束下跌，筑成底部。与价格相辅相成的是利空出尽转为利好，一年一度的两会行情也被提上日程，改革牛、婴儿底的行情展望似乎都在会议希望之中。就交易的本质来说，低位运行利好频出是推动价格持续上升的原动力且不会在短期内就结束，但继续保持上行的态势还需要场外资金的不断流入，在热点轮番运动中推动市场稳定发展，事实能如所愿是一年一度经济会议内容对经济指导路线和受益板块的利好刺激。

价格是消息的幕后推手

消息伴随价格的运动方向进行投放，几乎已经是个不争的事实。无论是针对指数还是板块甚至是个股都将如此，同步投放推动价格朝现有的运动方向持续，相反，消息与价格成反方向投放那便是调控。调控的理由有很多种，或是 IPO 发行市场扩容，或是降低上升趋势中的潜在风险，或是提振投资者信心使市场交易气氛回暖，等等。

消息面前没有单纯的消息，总是肩负着某种使命在市场需要投放的过程中发挥其应有的功效。比如，受国际现货黄金的影响，上海期货黄金主力于 2015 年 12 月 3 日 218.55 点见底开始，多头反击并结束做空的走势，A 股资本市场黄金类个股也受此利好刺激出现反弹，无奈在指数的下跌过程中黄金类股票也受到了牵连，但之后行情回补中是以持续创出新高的走势进行的。信息联动效应在市场中以价格运动的方式进行消化，黄金类个股异动的情况似乎被机构投资者嗅出了什么味道，盘中大买单介入的事件频频出现，且激发了有色金属板块的集体投机热潮，钢铁、煤炭一向被看作是"煤飞色舞"的联姻之作也被推向了交易榜首。对此，在掌握信息有效程度方面其论证关系是市场价格与信息、消息的同步与非同步都将在未来价格运行中起着引导作用。

也许你无法分辨利好与利空消息对资本市场所产生的影响程度，但可以在与价格保持一致运动方向的基础上将信息消化的场所作为孵化器，是否能够成为助推或调控价格运行的手段将会在图表中反映出来。

价格是消息的源头，是人性思维的一切反映，低迷与狂热的市场氛围在驱使的过程中都将运用消息手段来达到某种目的，可以肯定的是价格进入极度低迷时还会有怎样的利空消息出现，所能消化利空消息的一定不是底部或者是底部区域，历史上的底部消息证明只有利好才能遏制市场继续下行。反之，价格进入疯狂的买入浪潮后所能看到的消息也一定是利空大于利好，否则投放到市场上的消息就无真实意义了，当然也只有利空消息才可以将股市风险给投资人提个醒。

4.2 利用消息买卖股票的依据是什么

所有的操作必须围绕实战进行且杜绝对未来价格的幻想，真实的交易一定是在对正确买卖点把握的基础之上完成。然而，风险的嫁衣又将让谁来披？交易过程之中又将采用怎样的手段将正在通过各种走势演绎成形态的股票在异动中将其擒获？都是我们共同的目的。对专业理论深入研究后，通常都会在技术上有很大的提升，不再像以往那样做无头苍蝇到处乱碰乱撞，而是有目的、有针对性地去选择，让交易技能变得娴熟稳健，涨跌心中有数，这将为接下来的投资奠定了很好的基础。日常交易中，不缺少用技术分析来研判价格或预测未来价格走势的人，但是在实际运用当中却又显得那样笨拙，将完全可以通过技术手段来解决的问题变得更为复杂。在市场中有无数的人都使用同样的技术分析方法来对价格走势进行分析研判，却在结果上存在着较大差别，问题的根本在哪里？作为技术分析派系的实践者，个人的所有交易，都是在技术基础之上完成的。因为到目前为止还没有找到能够代替它更好完成交易的新方法，当然，人们也在试图努力改进但很难找到合适的理由，目前是这样。

时空共振，疯牛必擒

面对价格的变化始终倾向于突破与安全防御，没有相对的安全地带和突破是很难说服自己去买入哪一只股票的。例如，新宁物流通过策略模型在整个参与过程中都是遵照时间共振来执行。在满足买入条件、排除系统性风险的同时，内心的激动已经让我无法在场外等待，大脑神经系统传送出的信号是你有一万个理由可以买进，且不需要纠结、等待和寻找合适的机会。就现在，立刻，马上，也许是我的性格决定了应该有怎样的行动并且是非常快速地去完成它。是的，当我排除系统性风险后所能做的就是按照程序快速买入，较大持仓比例将在价格突破后瞬间完成，且没有时间去考虑，除了急切单纯的买入行动没有其他，因为，这是在时间、价格共振上出现的最好买点，错过了这次机会我想在价格的跟踪预判上也会出现问题，这当然肯定不是我想要的结果。

所以在万事俱备的情况下所能遵循的就是买入意识，多年来在市场交易中已经培育出很强的嗅觉，被动挨打不是我的特点，主动进攻才是我的风格。如4-1图300013新宁物流买入理由，价格在筑底过程中完成底部收敛性三角形形态，技术上已经构成了买入标准，但从安全边际和时间共振上考虑，它未必会是较合适的买入时机，因此必须等到技术指标辅助以后才可以确定。

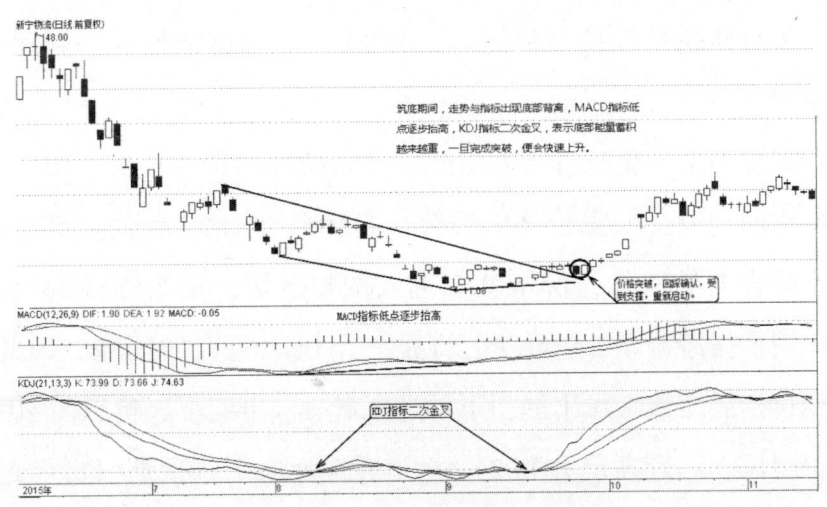

图4-1　300013新宁物流

注解：所谓的时空共振这里指的是：

1. 价格趋势发生改变，完成时间上的调整。

2. 策略模型指标都达到买入条件，且已进入强势区域，打开上升空间。

图中技术指标 MACD 和 KDJ 的参数是进行修正过的，是按照自我性格和习惯建立的模型，所以在应用方面非常得心应手，也可以把交易系统的功效发挥出更大的作用。其中在新宁物流的买点中 MACD 指标与股价走势和形态有着非常明显的背离，价格向下而 MACD 指标却在向上发散，两者之间形成底背离走势。然而，该指标与价格的底背离是对底部形态的确认，参数修改后的 KDJ 随机指标也在价格下行的过程中进入超卖区域，成黏合状运行。例如 2015 年 9 月 28 日价格突破回踩以后，再次向上发出攻击，盘中高开高走至 10：36 分时，一切都在预判的范围内，随即以 13.86 元的价格挂单批次买入，期间虽然有反复震荡的走势，但整体还是保持强势运行，与 14：18 分迅速拉升并封死涨停至收盘。

调整结束股价打开上升空间，开始持续运行。依据三角形形态的空间预测，未来价格上升第一目标是 24 元，也是突破三角形空间价差的三倍，价格就会进入调整区域。更为理性的预测是，当价格运行至 24 元以上将是一个风险极大的区域，因此，达到目标后应该考虑出局，不可过度贪心。事实上，价格与 2015 年 10 月 20 日最高上升到 24.66 元后选择向下，预期目标已过，故在 24.20 元将所有持仓挂单卖出，每股获利 10.34 元，当日收盘价是 23.69 元。

与新宁物流同一时期买入的还有 000803 金宇车城。

当时板块监测中汽车类个股较为抢眼，且特斯拉锂电概念股有利好刺激，但我的个人交易风格一直还是比较倾向内心意愿的，在经过对图形和系统模型交易分析以后发现该股是满足买入条件的。这里有难言之隐，因为对基本面没有太多关注，现有的买入条件只是在技术上符合，以为是纯汽车类板块。其实金宇车城的主营业务有三大块，分别是：房地产开发和汽车贸易业务以及丝绸经营，不过就当时的市场变化来看，这些主营业务也都具有形成市场热点的潜力，之后也的确是这样。所以在价格形态上满足条件以后，于 2015 年 10 月 8 日以 15.20 的价格买入，当日价格最高 16.08 元，最低 14.96 元，收盘 15.60 元，与上一交易日相比价格成高开高走之势并突破平台。次日价格低开高走，盘中起起伏伏至收盘封死涨停。强势市场采用右侧交易手段，利润会更加丰厚，只要在模型中满足条件就是买入的对象，如 4-2 图金宇车城。需要补充的是，虽然在本次交易中全身而退，但小小的错误让我耿耿于怀，如今再次提起，也是提醒后人莫要犯类似的错误，现在就让它随昨天的太阳一起落下，明日还将继续。

  对于活跃且激进的股票来说，价格突破平台后很难再有回调的可能，除非遇到指数或其他突发事件，只要是强势股，突破后的回调可能性就非常小。事实上，金宇车城走势也并不算太强，否则就不可能在 2015 年 10 月 21 日向下回撤且回撤幅度较大，一度下跌至前期横向运动平台 16.24 元的价位附近。对此，突破平台后的股票如出现二次回撤，后期的涨幅或涨速就要重新评估了。

  我们无法保证价格一定会按照预想的方向和目标运行，但可以做到的是在因不确定因素导致价格出现变化时，还能保持清醒的头脑并对未来做出新的预判。换言之，价格走势永远没有错，如果有错，那一定是参与者的认识与现实发生了变化，且还没有意识到自己的错误。

当事情发生时，第一时间应该思考的是怎样解决，而不是寻找借口，股市中任何借口都会被打得体无完肤，无论你的说辞有多么美妙，最后的结果始终不变。若有时间请把它放在更需要、更合适的位置上，接下来你会看到截然不同的景象。

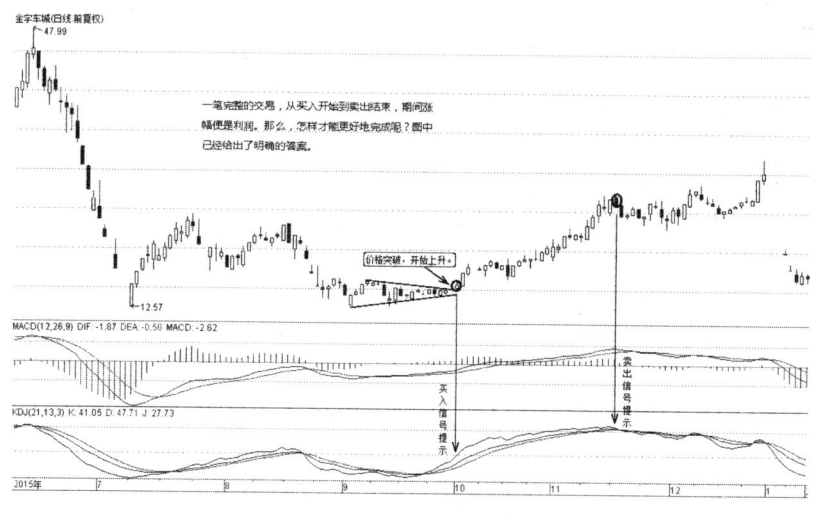

图 4-2　000803 金宇车城

注解： 利用策略模型进行交易，时刻做到心中有数，懂得何时入场与何时离场。图中内容已经对买入和未来上升空间做了预估，并在信号出现时结束交易。

价格突破后向上缓慢运行，小阳中阳连绵不断，堪称完美。然而，进入上升末期开始出现加速，走势上与成交量相反，价升量缩的现象在投机中并不少见，创出前期新高后，产生背离。或许是出货，或许是还有其他目的，不过这些似乎已经都不重要了，重要的是买入后的股票现在已经有了非常可观的收益，考虑卖出也在计划之内，因此，于 2015 年 11 月 17 日最高上涨到 27.5 元后，无力保持，选择向下时在 26.7 元的价格卖出所有持仓，最终以每股获利 11.5 元结束此次战斗。

从结果来看我总是幸运的，参与了主要上升走势，放弃了该放弃的调整，虽然，后期价格见到 31.91 元，但那不是我想要的。根据模型提示在动能增强时买入，运动中持有，衰弱时卖出，一切都听从指令交易，没有个人情绪在里面，这是走向健康投机之路的基础。

一波三折交易法则

现在需要告诉你的是，当自底部拉升一段行情以后，接下来所要发生的事情，以及如何应对。根据趋势运动原理，一旦形成就不会在短时间内结束，或是向上，或是向下，这是理论上的说法。然而，实践中它又有怎样的变化，调整之后是选择继续沿着原趋势运行，还是继续保持调整格局，甚至是选择相反方向运动。

一波三折给出的答案是，方向正确，趋势推进，时而缓慢，时而快速，调整之后还将持续。例如 4-3 图光洋股份走势，于 2014 年 12 月 30 日最低 6.90 元见底并开始向上攀升，至 2015 年 3 月 25 日最高 10.79 元展开调整。不同的是就本次调整分析，是保持强势运动的方式进行，低点依次抬高，高点依次创出新高，形成两条带有斜率的平行线，即为上升通道线。

当然，这不是买入的重点，重点在于过程和突破。请注意运动的形式，从低点启动一直保持稳步向上的走势，至最高 10.79 元之前，出现快速拉升的特征，之后才进入调整。假设拉升已经结束，那必然会出现下跌，且低点逐渐降低与高点依次向下。事实上,恰恰相反,该股是朝上升趋势的方向运行,虽然,出现拉锯走势,但整体方向并没有改变,这将对后期走势分析提供了依据,一旦调整结束就会再次创出新高。

原理:形态在趋势运行中完成,或是上升趋势或是下降趋势,调整之后还将延顺原方向。变中取胜,用一波三折分析方法来研判价格突破后的运动空间,是该方法的核心要点。

一波之后还有一波。上升趋势的延续是拉升、调整、再拉升。应用到具体操作中是,买入信号以突破调整区域为准。请记住,任意信号的发出都在突破时出现,也是对新运动方向的确认。

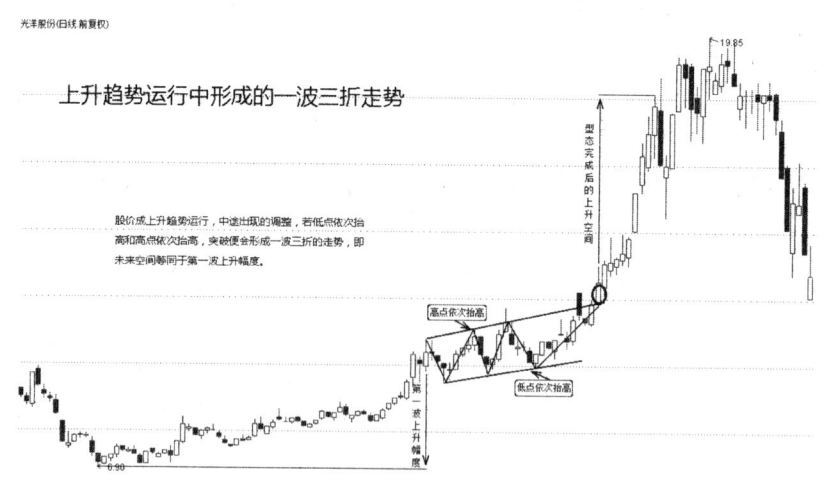

图 4-3　002708 光洋股份

注解:上升趋势形成的一波三折走势,当调整结束出现新的买点后,还将有与第一波上升幅度等同的空间。

相反,与上升趋势中形成的一波三折形态不同的是:下降趋势中形成的走势一般都会出现连续性。例如 000620 新华联,在下降过程中出现两次同样形态的走势，即图中2015年11月27日至2016年1月4日形成的第一个调整走势和2016年1月14日至1月25日形成的第二个调整走势。理论上下降趋势延续性要高于上升趋势，是弱势走势的衰竭信号。

因此，有幸遇到在某只股票运行中出现该形态的第二个信号时，可考虑重仓参与，日后必有趋势扭转。

我想你能理解，假如有做空选择的话，人们更愿意去接受这一点，现实告诉投资人下降的时间远比上升时间要长，也许是人们对利益的厌恶，也许是对风险的喜好，总之，无法改变。若要参与上升，所能做的就是耐心等待形态完成，信号发出。

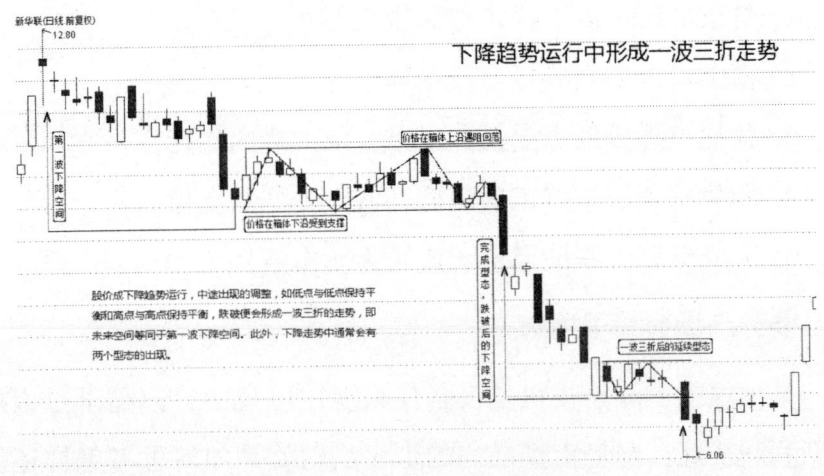

图 4-4　000620 新华联

注解：下降趋势中形成的一波三折走势，当调整结束信号发出便是最后的离场时机，且有与第一波下跌的等同空间，或连续。

股价成下降趋势运行，中途出现止跌或反抽的现象实属正常，一口气跌到位的情况很难发生，也没有人希望看到这样的结果，无论你有没有参与。然而，当中途出现止跌或反弹时，尽量避开，等待局势明朗后再进行参与也不迟。

上升趋势运行中一波三折形态的成立标准和使用：

1. 价格经历一波上升走势后进入调整。
2. 横向整理期间成通道或箱体运行。
3. 强势整理成低点依次抬高，高点依次抬高的运行形式。
4. 弱势整理成低点受低点支撑，且不可跌破前期低点。
5. 完成形态，突破通道上边线为买入信号。

下降趋势运行中一波三折形态的成立标准和使用：

1. 价格经历一波下降走势后进入调整。
2. 横向整理期间成通道或箱体运行。
3. 强势整理成低点受低点支撑，依次横向运行。
4. 弱势整理成高点依次降低，低点受低点支撑。
5. 完成形态，跌破通道下边线为卖出信号。

弱势市场狼嘴里抢肉

某种程度上股票投机是没有什么规律可言的，狼嘴里抢肉能赚到利润就好，弱势市场散户的生存法则就是如何思考怎样还能看到明天的太阳。就操作来讲，个人认为指数走上升趋势才有投资价值，走下降趋势只有投机，两者之间应该要有区别，死脑筋是赚不到钱的。换言之，牛市里买股票大多数人都是可以赚到钱，然而，到了熊市这个现象又是反着来的，大多数人是亏钱的，因为指数在往下走，股票的利润是来自上涨，所以，改变是必然的。就如投资大鳄索罗斯所言，我的个性是没有个性的投资风格。更加准确地说，我在不断地改变自我的风格来适应不一样的条件，不是根据现有规律出牌，而是在游戏规则中寻求改变。

把投机手段用在弱势市场中你也会赚钱。那么，何为弱势市场？长期趋势为下降，运动期间出现的反弹走势。以新兴铸管为例，当时决定盘中择机买入的理由是：

1. 指数为弱势市场中的反弹走势。

2. 技术上完成头肩底底部形态。

3. MACD 红柱变长。

4. 成交量较前期有所放大。

5. 市场出现政策利好。

2016 年 2 月 23 日该股早盘出现高开低探反攻走势，盘中略显诡异，经条件确认后在 5.22 元买入，当天最高上升到 5.60 元，收 5.35 元。根据收盘后的 K 线判断，次日还有新高出现。2016 年 2 月 24 日开盘 5.30 元成低开高走之势，盘中放量快速封死涨停，至 10：18 分涨停打开，之后反复回撤。虽然涨停收盘，但盘中迹象表明上升动力有限。于是根据盘面情况决定在 5.85 元卖出股票。原因是：

1. 开盘快速封死涨停后打开。

2. 涨停打开后成交量放大。

3. 指数处于弱势反弹行情之中。

弱势市场的股性变化与强势市场的股性变化，较明显的特征是价格上升的连续性。牛市里连续涨停常有而熊市里连续涨停不常有，这是强弱市场转换中的规律，不可忽视，逆势操作的道理大家都懂的。所以，视指数走势而定，弱势市场能有肉吃已经是很好的事情了，不能贪心，否则很容易坐过山车。当时直觉告诉我，涨停打开再封死肯定不是什么好事，背后一定是有问题的。

图 4-5　000778 新兴铸管

注解：当初买入价格是未除权价格，与案例价格有出入，但走势上没有任何变化。

盘面走势瞬息万变，也许因为一个小小的失误就会满盘皆输，很多人都有这样的感慨。侥幸和迟疑在市场中最不能有，风险无限放大的背后，等待的就是操作失败。

小　结

解读消息真伪需要具备的条件是什么？利用消息买卖股票的

依据是什么？是本章内容论述的重点。随着互联网发展、社会的进步，在信息时代下可以另辟一条通往成功的道路。股市中有一种盈利手段的名称叫消息，或是内幕或是场外，真实博弈中的确可以利用，有时在关键时刻还会起到重要作用。

第一节：解读消息真伪需要具备的条件　当然，信息的来源是参考的重点，与实际走势通常呈反面运行，在信息伴随股价运动方向进行投放中已经详细讲到。但可以肯定的是价格一定是消息的幕后推手，这样调控才能更有意义。

第二节：利用消息买卖股票的依据　针对个股，时空共振、疯牛必擒的方法会帮助投资人顺利完成交易。当某只股票时间与空间形成交汇以后就会出现方向上的转变并且都不是暂时的，毫无疑问这是对暴涨前的最后确认，一旦形成便可大举买入。一波三折交易法则更是在趋势运行中提前发现可能上升或下降的目标，和在中途调整结束后做出正确的选择，客观上解决了买股和持有的问题。然而，需要提醒的是弱势市场的交易方法与强势市场的交易方法在本质上存在区别，因此，以买入新兴铸管为分析案例，来引导投资人在面对不同市场的价格走势进行策略上的调整，进而完成预期收益目标。

第5章
反逻辑思维分析与操作

以不同常人的思维,灵活应对市场变化。

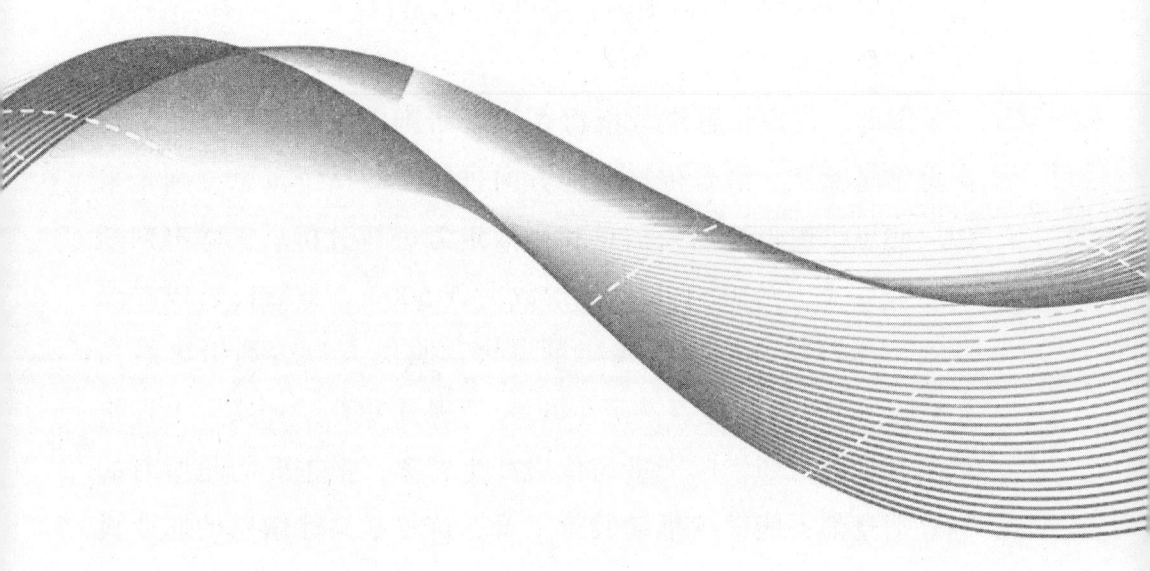

5.1 反逻辑思维分析的真正原因

用正常思维去看市场变化，在某个时间段内总有一点不对称，例如，2015年6月4500点至5100点之间，听到最多的是突破6000点，迈向10,000点等指日可待的言论。事实上是有违价格运动原理的，虽然指数在5000点以下运行，而个股涨幅已经相当于2007年10月份6000点位置的几倍涨幅，显然，继续上升需要更多要素作为辅助。就当时来看，购买股票的狂热已经掩盖了风险，各项指标出现高位钝化，强势个股开始拐头向下。看空者当然是属于被骂的一类，顺从之下也没有多少人愿意发文警示，即便有个一二也被无视，直至风险来临。

遗憾的是，只有经历风险才会想起痛，过后基本都会被遗忘。历史的进程总是向前的，不可否认，曾经发生过的事情将来还一定会发生。

因此，反逻辑思维分析将在消息研判中起到关键作用。正向思维是顺从，沿着价格运动方向进行，而反逻辑思维则是采用反向思维逻辑把场外信息和指数走势进行分析后，做出判断的一种方式。例如5178点，指数突破5000点整数以后成滞涨状态，高位反复震荡，成交量爆表，股民人数达到历史最高1.3亿，场外舆论观点看涨至6000点甚至更高。而实际上，指数上升动力减弱，成交量与价格产生背离，最主要的是所有的利好消息都不能继续推动股价上升，这势必会让敏感的职业投资人提前减仓,如果有心可以回想当初哪些佼佼者是如何闻风离场的。

出乎意料的是,加大融资杠杆操作后给没有做空经验的股民一个惨痛的教训,个股连续跌停,除了目瞪口呆之外,也许还只剩下一点期待。对于职业投资人来说,即便没有在5178.19点之前全部卖出股票,也不会在连续大跌中持有股票,"期待"二字对于一个操盘手来说是最忌讳的事情。所以,市场在出现大跌之前肯定是有原因的,而这一点却常常又不太容易让人重视,狂热投资的背后往往不会是冷静而是更加疯狂。因此,错失最佳卖出时机之后,就会失去低位买入的机会,2850点附近个股跌幅超过70%,时间虽短但下跌幅度已经超过漫长的熊市。根据物极必反的原理和跌幅统计,一些股票都出现了止跌迹象并留下主力扫货的足迹。

运行结构。当个股下跌达到一定幅度以后,必会形成反向运动的局势。根据历史数据分析和统计,即便是在漫长的熊市里,跌幅达到70%甚至超过,都会出现一波像样的反弹,这已经成为规律。然而,指数断崖式下跌,发生在投资或投机者身边的事情是,股票从山峰一下跌到山谷。

如果用逆向思维的方式来思考,假如,一只原本8元左右的股票上升至40元,之后,受股灾的影响又下降到了8元区的位置,那么,此时你认为它还会下降到几元呢?经验告诉我,它已经没有再下去的可能性了。除非你在进入市场之前偷吃了谁家的倒霉果,否则,不幸的事情绝不会落在你的头上。所以,当事情发生以后,不必过分悲观,大多数人认为是风险的时候往往会是机会。相反,大多数人认为是机会的时候,你一定要多留个心眼，也许风险就在此时。

所以，价格跌入山谷更多的是机会的体现。通常情况，下跌速度越快，反弹力度越强，这是基于一切事情向好的方向发展所得出的结论。就好比一个圆形弹簧，用脚使劲向下踩压，只要弹簧没有被损坏，压到极限时总会向上弹起，因为抵御外在力量的永远是内在质量。好的股票就是这样，外在干扰只会暂时影响趋势的运动，但很难改变长期方向的运行。

不对称分析。就投机而言，买入进入山谷的股票远比买入价格处在高位运行的股票安全得多。实践中，很多人却做着相反的事情，选择在高位重仓，低位轻仓，如此往复，资金将变得越来越少。当然，我很不希望在你读完本书以后还有这样的行为。如果能够随市场变化转换思维，把诸多高位买股票的理由放在相对较低的位置上，那结果自然就会好很多。

见证 2850 点上证指数从 2015 年 8 月 26 日至 2015 年 9 月 30 日，期间为弱势调整，与其所不对称的是：

（1）KDJ 指标在底部发出二次买入信号且指标成逐渐向上发散走势；

（2）创业板小盘股跌幅超过 70% 的个股筑底形成并开始反弹；

（3）救市资金高控盘个股引导市场。

迹象表明，虽然指数还处在下降趋势之中，但从盘面看资金却在快速流入。

近些年来，交易中的一大现象是表面的走势和实际的资金流向经常唱反调。简而言之，参与市场投机的不仅是散户，游资客更为疯狂。当盘面出现大幅波动时，游资就会伺机进场买入，待稍有利润后就逢高卖出，所以，导致一些缺乏交易技巧的投资人常出现买入被套、卖出上涨的经历。

为此，当市场赚钱效应发生变化时，就要冷静下来仔细分析可能存在的问题，技术上也许会有发现。例如图5-1上证指数在运行中，策略模型所给出的提示。人气已经反映了实质问题，每个人进入市场都抱有赚钱和成为富豪的梦想，这一点不管到什么时候都非常管用。只要出现机会，人们就会奋不顾身地抢占先机，或许他们已经提前嗅到了什么味道，或许盘面资金的暗流涌动让他们确信了底部的成立，或许是因为其他……

不过结果是非常令人满意的，无论你在里面扮演怎样的角色，对于上升的渴望度都是一样的，所以请不要回避真实事件的发生，假如你能提前预见并果断做出决定，选择在这里还是很有意义的。

例如，价格实际走势和策略模型指标的反向运行。当你以传统思维来分析市场的话，大败之后的情绪会让你不知不觉地认为它还存在继续下跌的可能。然而，此时模型指标所给出的提示是再次发出买入信号，并且是形成有较高可信度底部背离走势。因此，当发生不对称走势时，请认真分析和思考市场情形，总会找到可操作的机会。

每当市场出现问题，总能静下心来去思考，应该采取怎样的策略对我更加有利。我承认我并不是一个激进的投机者，而是在操作中更加会选择稳中求胜的战术，且始终坚信守财比赚钱更难。

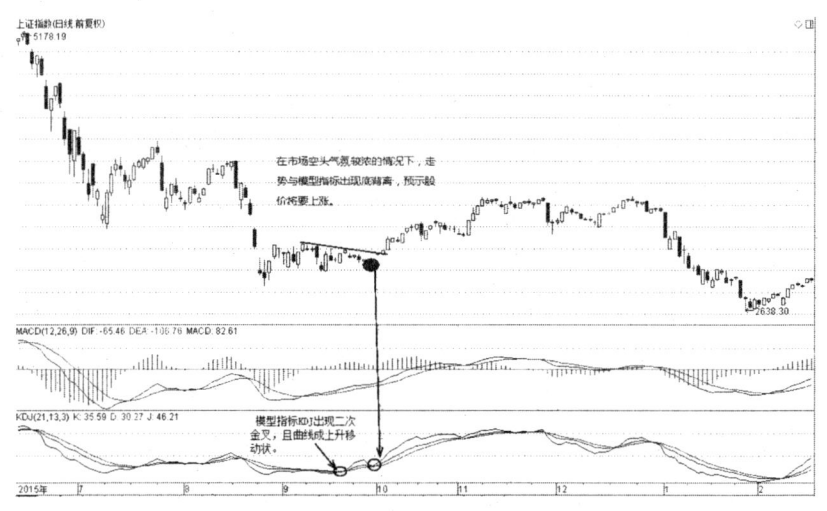

图 5-1　上证指数

注解：价格逐步创出新低，模型指标未创新低，反而是以底部金叉逐渐向上移动的方式发出信号，预示股价将要上涨。

5.2　反逻辑思维分析的操作技巧

用正向与反逻辑思维互换分析并发现交易机会，只有做到先知先觉才能立于不败之地。价格正常运行过程中对于反逻辑操作思维是没有用武之地的。若有发挥之处，那一定是在拐点来临之前。

人弃我取

廉价筹码只有在打破内心承受极限时才会出现，散户的可爱之处就是把手中持有的筹码在低位抛出，待反弹至高位时再买回来。而职业投资人的聪明之处就在于对时间的把握，用少量的资金在低位吸收大量的筹码，待反弹至高点时卖出兑现。

那么，原因何在？通俗讲，大众股民普遍是买跌不买涨，认为只有股价下跌，买入才有大幅上升的可能，而忽略了趋势的存在，也正是因为有了抄底的心态，才把自己陷入被套的境地。

越跌越买的操作方法会让自己从股票的高位一直买到低位，直到无钱再买，这不是逆向思维，准确地说是逆向操作。所以，请正确认识价格轮回，人弃之时便是我取之日，空中接飞刀总不是理想的事情，轻者是划伤重者是断骨，唯有落地才最安全。

例如，5-2图戴维医疗在整个下降趋势运行中出现的调整走势，都表现出筑底成功和反弹态势。然而，正确的操作方法则是等待真正底部的到来，模型指标提示买入并确立上升开始。

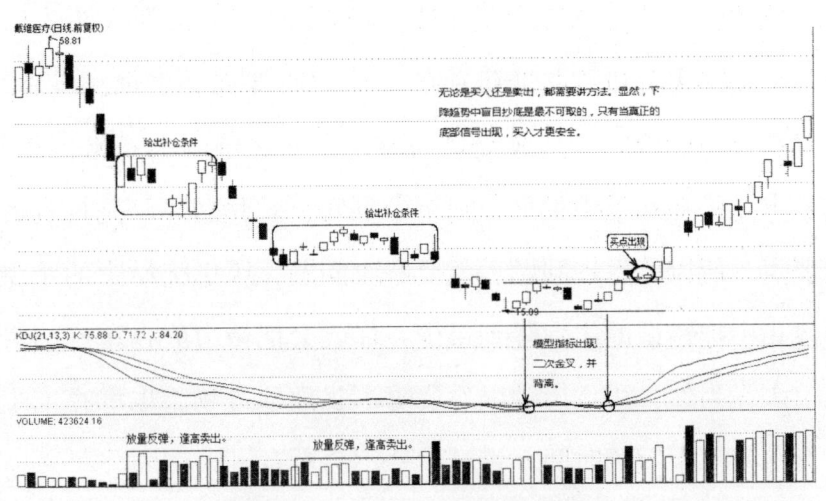

图 5-2　300314 戴维医疗

注解：决定投资成功的方法是价格朝上升方向移动并形成趋势，在此期间必然会经历下降和调整走势。当价格还没有完全突破调整平台和明确的买入信号出现时，最好的选择是继续观望。

把握时机，等待买点出现，不可在下跌过程中强迫买入。趋势形成以后不会轻易改变，只有明确的转折信号出现才能证明原趋势的结束。戴维医疗在下跌期间有两次反弹走势，都给抄底者买入的机会，但运动方向并未改变，直至模型指标与股价出现底部背离才发出买入信号，即 KDJ 二次金叉和突破平台结束下降趋势。除此之外，都超出了合理买入范围。因此，在概率上就会大打折扣，唯有后知后觉者将廉价筹码抛空才是股价真正上升的开始。

人取我予

反逻辑思维操作技巧是在别人卖出时买入，别人买入时卖出。依据图表分析价格转折前的变化，通常都会出现相互背离，或是指标与股价，或是成交量与股价，总之绝不会是常态平稳。信息上更是在欢乐中见顶，绝望中见底，对此循环已是投资者买卖弱点。所以，发现问题后就要解决问题，历史交易中的错误需要改正，把错误的次数降到最少，你就会把精力放在正确的买卖点上来。当然，买点出现以后要毫不犹豫地进场，也许在大主力拉升前仅有很短的时间，错过了就不会再有。

因此，请不要与普罗大众一样，试图寻找成功的捷径，力求通过他人口舌获得有价值的信息。若是如此，那又有谁会付出努力认真学习和研究价格运动的真理呢。

小 结

反逻辑思维分析与操作的思想来源于价格超常规运行。当然，我们都渴望市场能够一直按照预想的方向正常运行，可事实上这只是一厢情愿。因此，为了减少错误事件的发生，本章内容特别从反逻辑思维分析和操作技巧两方面来讲解。

第一节：反逻辑思维分析的真正原因 讲述了当股价运行结构发生改变和出现不对称走势时应该采取怎样的策略。诱惑面前我们更要冷静思考风险与收益的比例关系。假如，赚取收益的安全系数评估下来不能支持事实成立的话，那不妨等待股价进入相对安全的区域并根据信号提示再进行操作。

第二节：反逻辑思维分析的操作技巧 讲述了在与众不同的操作思维下，要学会"人弃我取、人取我予"的交易策略。没有不变的市场，只有不变的脑袋，多少年来我们一直遵循这个道理。虽然它很少被人提及，但重要性已经涵盖了诸多操盘手的成长经历。绝不是仅限于字面意思，而是参悟后的交易思想，只有当你进入少数人行列才会变得富有。

第6章
股票操盘手的交易特性

用与生俱来的特殊功能,揭开迷雾中的走势。

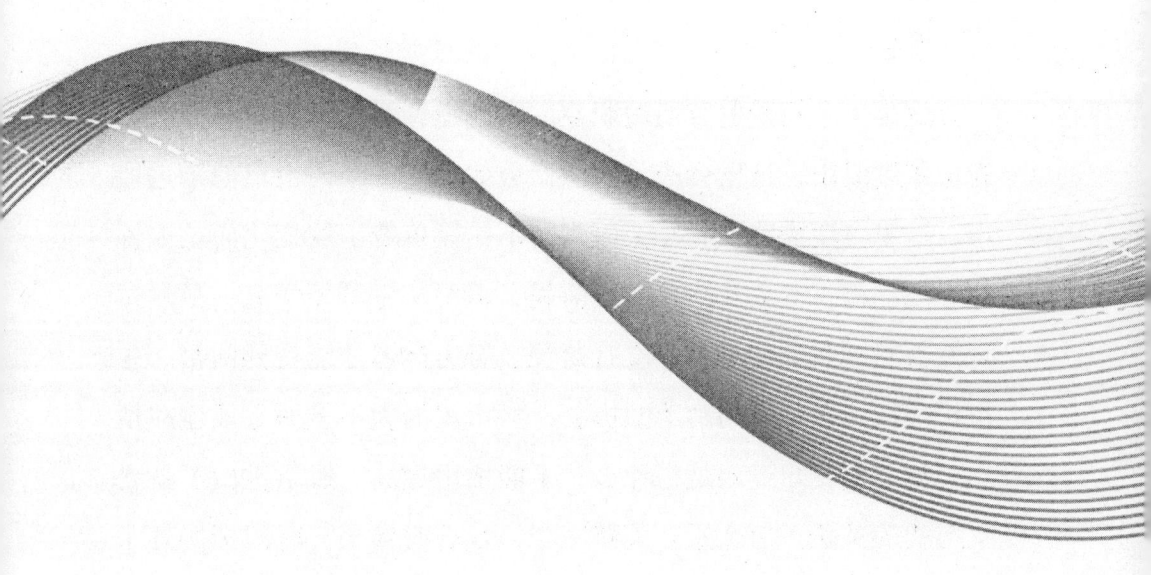

6.1 股票操盘手超越自我的基本要求

在以上五章内容中讲了很多关于如何交易的方法，现在我们再来讲讲怎样成为一名优秀的股票操盘手和利用一种特殊的技能必要时战胜市场，以及所必须具备的思维特性，这是关乎在市场中长久生存的问题。

然而，股票操盘手锤炼过程曲折艰难，看似神圣职业的背后，内心承载的却是非普通人所能承受的一切。说到底股票市场不是一个随随便便进出的场所，进来容易出去难，能够战胜自己战胜市场更是难上加难。股价涨跌轮回，投机不能碰运气，赚钱还得靠真本事，学习专业知识、克服心理障碍，时刻保持一个健康的身体状况在稳健操作中执行交易策略。

专业

这是一个有爱也有恨的职业。常言道，假如你喜欢一个人就把他带进股市，这里会成为天堂；假如你恨一个人也把他带进股市，这里会变成地狱。每天面对的不是简单数字的变化而是人性弱点的剖析，专业技能是胜任前提，需要从零开始学起，虽然过程漫长但这是必经之路，没有捷径，努力研习才能得到回报。牛市里赚钱更多是市场给予的机会，熊市里因为不懂而亏钱也在情理，但一定要知道这是为什么，不能稀里糊涂。股票讲白了就是买与卖的关系，怎么买，买哪一个，什么时候买，时间把握好了结果就自然水到渠成了。现实中，人们都会把它搞反，该买的时候不买，该卖的时候也不卖，经常在正确的时间上做着错误的事情，结果就是亏损。

那么，解决这些问题的办法又是什么？花时间去学习分析方法，研究价格涨跌轮回的本质，在运动中把握好买卖点。说起来好像有点容易，做起来需要一个过程。这是你热爱的事业，必须把它做好并勉励自己一定会做得更好。道氏理论、趋势理论、K线形态、图形形态、物理运动等这些都是必须要学习的。房子要想建得高，地基就必须要稳，所以，有了好的基础才能把投资做得更好。市场如大海浪潮涌动，一批批被淘汰，做得好的都是最能刻苦钻研的，水性柔弱不可阻挡，只可顺流，更上一层楼你会完全明白投资和投机的真谛，波浪理论、江恩理论、时空理论、扇形原理等，乃至经济信息的筛选都不在话下。

也许有点烦琐，假如没有这些，在投机中你会有怎样更好的办法可以获得更多的财富呢？前几章节内容对股票交易已经做了详细阐述，并从大势分析、个股研判以及到使用策略模型进行操作的导向。这些都是从事这项事业的勤劳者所具备的，因为投机是天底下彻头彻尾最富魔力的行当，愚蠢的人不能干，懒得动脑子的人不能干，心理不健全的人不能干，企图一夜暴富的冒险家也不能干，假如这些人贸然卷入，到头来终究会一贫如洗。

所以，当进行到这里有必要提醒，走向专业和克服以下困难是做好投机事业的最好途径。

心理

把最和蔼的一面留给市场，用包容之心去交易股票，本质上没有对错，赚得起也要赔得起，平常心看待成败，杜绝用赌博心理进行操作，不健康的心态从根本上就是一种错误，没必要再把它放大。股票买卖是对时间和时机的把握，市场里也没有那么多好运天天落在谁的身上，好的时机需要等待。

要理性看待市场，机会来了不放手，没有机会也一定不出手。正确的时间里做了错误的事情，结果也是错误的。只有在正确的时间里做着正确的事情，结果才能是正确的。

良好的操作习惯是能够在合适的时间、合适的地点按照规则完成某项交易。简而言之，就是机会属于每个人，当分析方法大体相似时，决定成败的必将是健康的心理因素。假如还没有出现明显赚钱效应并形成上升走势，所参与的交易绝大部分结果都不会令人满意，为此，并不能把错误的原因推给市场，应该为不理智的心理而买单。换一种思维去理解，需要休息时必须休息，需要进场交易时又何必要等待。

健康

或许在这里提及健康略有不爽，但作为一个热爱投机事业的人来说应该有他的道理，你能想象得出一个夜生活极丰富的人在酒吧像打了鸡血一样兴奋的娱乐至凌晨两点，次日还能保持精神高度集中地坐在办公室里观察盘面吗？对我而言，绝无可能。相信，现实中也没有几个人能够做到这一点。

所以成功的前提必须要有一个健康的身体，对于操盘手而言更是如此，工作上的超负荷努力会透支很多体能，日常生活必须是有规律性的。别人很难理解，只有操盘手可以体会。所以，请爱惜自己的身体，戒掉不良习惯，在职业上多保留一些体能。市场分析、价格研判需要花去大量时间收集信息，进行买卖点评估，因此，健康是完成这些事情的必备条件。

交易中妄想通过不观察盘面走势就能轻易在市场里赚到收益，这种纸上谈富贵的想法只会用错误的结果来证明。凡是对这项工作兢兢业业的人才能感受到机会的到来并作出正确的选择。当身体感到不适时，满脑子疲惫只会把你拖入悲惨境地。

稳健

修身养性，建议空下来不妨看看书，品品茶，感悟感悟人生，让自己变得闲情逸致一些。独立思考，驰骋沙场需要保持冷静的头脑。个人认为，好的操盘手一定是独行者，不因环境而改变，更不受他人影响，独立思维、独立判断、稳健操作，发挥特长，自信但不自大。

当然，这需要在思想上有所转变，假如冷静尚不能把交易做好，那情绪烦躁时成功的可能又有多大呢？我见过很多投资人，买股票都是一股脑子扎进去，几乎要把不可能变成可能，结果却是撞了南墙也不回头。

股票的诱惑不亚于观看世界选美大赛，时不时地总会让人冲动。如果像着了魔地发狂，一味地去追求低价将会误入歧途。最要命的是，明知已经亏损，还向亏损的一方不断加码，真不知道你为何总是与成功投机者与众不同呢。

莫要受外界影响，对于操盘手来说，冷静思考下的判断力极具价值。错误结果的背后，多数都是由情绪不稳定造成的，再好的股票买点把握不正确都可能会出现不好的结果，现实中大牛市不赚钱的人也不占少数，因此，在交易时请把不安宁的心收一收，这样对交易有百利而无一害。

执行

为何总是不相信自己，成功不只是属于其他人的，你一样有份。无论有怎样的经历，在交易面前人人平等，要说赚钱不易，那守财更难。每逢牛市，必会出现千万富翁和亿万富豪，而到了熊市却销声匿迹，这又是什么原因呢？理论上，这些人已经具备很强的投机能力，否则，根本不可能在较短的时间里身价翻几倍，甚至是几十倍，这些都是值得肯定的。然而，到了弱势市场也同样遭受失败，那么，对此提前制定的风控计划是怎么执行的，如遇此景请多问自己几个相同的问题。

时刻准备听从市场召唤，当策略模型给出买入信号提示时毫不犹豫，面对风险也毫不畏惧，不会因为价格分分秒秒的波动而摇摆不定。在交易成功之前几乎没有人会理解你的行为，但结果出来以后他们都会为你喝彩。听从指令、执行策略、遵守纪律是操盘手们共同的特质。

走势千变万化，亏损面前总想价格再能多回升一点，这是人性。然而事情总是这样，回升以后还想回升，求胜欲望已经不能让你理性看待市场的变化。一旦再次回落，就会陷入漩涡不知所措，也许原本的宿命就该如此。如果重返过去，那未来终将失败。

6.2 识破主力真假出货还是换庄的方法

有一种特殊能力很神奇，它来自操盘手的本能反应，没有任何技术面、基本面和政策面分析，只是直觉的存在。5178.93点大跌开始没有多少人认为这是股灾，包括我本人在内。但直觉告诉我一定不是简单的调整，市场狂热、成交量爆表，高位跳空下跌，技术上趋势没有走坏，股价大幅上升，个股基本面普遍向好，综合消息似乎闻不到半点股灾的味道，可事情还是发生了。究其原因，散户疯狂接盘而大主力高位套现，加上杠杆融资盘的操作，投资已经变相成为期货投机，一旦做空开始将势不可挡。为此，冷静思考后不能再进行下去了，卖出所有股票将是唯一的选择，这是后话。

底部形成时间上的判断

物极必反，无论经历怎样的下跌，之后必然会出现上升，这似乎已经成为定理。因此，价格循环通常有以下两种表现：（1）价格快速下跌之后；（2）价格缓慢下跌之后。俗话说，今天的下跌是为了明天更好地上涨。下跌速度快抛盘就会严重，个人力量是无法阻挡泰山顶上的巨石向下滚落的，只有避其厉害等待坠入山谷才有撬动它的可能。市场就是这样，趋势一旦走坏就很难在短时间内发生转变，先知先觉和后知后觉都会逐步卖出股票，直至价格重新回归合理价位才会去思考买入。

然而，价格没有回归到合理区间时，任何的行动都有可能遭到失败。不要强迫自己在价格还未止跌时就买入，杠杆助推作用下只有达到一定下降幅度后才会启动，通常规律是快速下降、极速上升和缓慢下降，缓慢上升。例如6-1图华东数控在向右移动的走势，似乎早已经把运动空间设定在某个幅度之内，每次向下回落至前期低点附近都会受到趋势线的支撑，并成为下一步上升的开始。

图6-1　002248 华东数控

注解：股价回归底部，下降中未受到重要支撑，期间的反复波动通常都不构成真正上升的起点。唯有在重要低点支撑下才能将底部筑得扎实。

　　002248华东数控，快速下跌至趋势线受到支撑，经短暂调整后多头开始反击，并出现极速上升走势，如图中底（1）所示。与底（2）不同，底（3）形成之前曾出现过两次低点，但都没有受到上升趋势线支撑，表示股价还没有进入最佳买入时机，向趋势线回归的可能性依然存在。严格来讲，买点只能是价格下跌至趋势线并受到支撑才是最好的状态。

　　此外，缓慢下降和缓慢上升运行时间长、跨度大且幅度相对有限是主要特征，看似底部则还有底部，期间反反复复基本没有什么太大的买点，长期投资还可以考虑，若追求利益最大化那未必是最好的选择，所以，对于缓慢成长的股票来说，底部参与度并不高，除非改变方向脱离调整区域。例如图6-2安琪酵母。

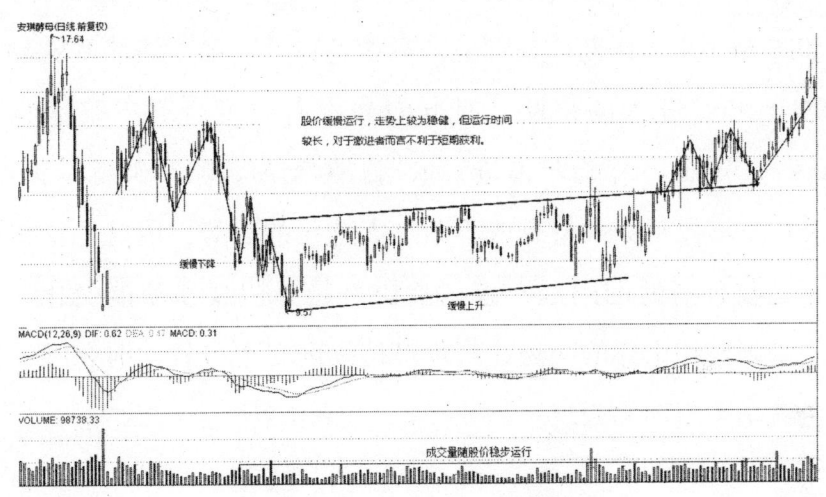

图6-2　600298 安琪酵母

注解：根据市场运行情况寻找符合自己性格的投资品种，相对激进者而言，稳健性股票运行缓慢且收益有限，因此，请灵活调整交易策略。

与5-1图华东数控不同的是，安琪酵母为缓慢下降和缓慢上升类型股票，从价格和成交量上面分析，都没有明显的变化，涨涨跌跌相对平稳，只是后期在股价突破整理平台高点后选择了新的运行方向，因此，操作上要选择与适合于自己性格的股票参与。无论是哪一种形态，确认买点一定是在满足条件后才进行的。

拉升之后还会拉升

上升趋势形成以后，通常高点之后还有高点。空间一旦打开就不会轻易结束，也不会因为价格太高而害怕股民不敢买改变方向。实际上，趋势形成以后不断向上攀升才是股票的价值体现。例如图 6-3 未名医药，底部完成后快速拉升，第一波涨幅就高达 150%，之后进入调整期，但方向并没有改变。第二波涨幅近 300%，期间运行中稳步推进，依据右侧交易策略突破就是买点，上升中基本保持买入持有或不断加大仓位的态势，因此，价格高低不是收益高低的问题，盈利主要是趋势持续和动能变化。所以，请不要约束你的交易，当价格持续向右上方移动时，唯一的理由就是不断加码买进。

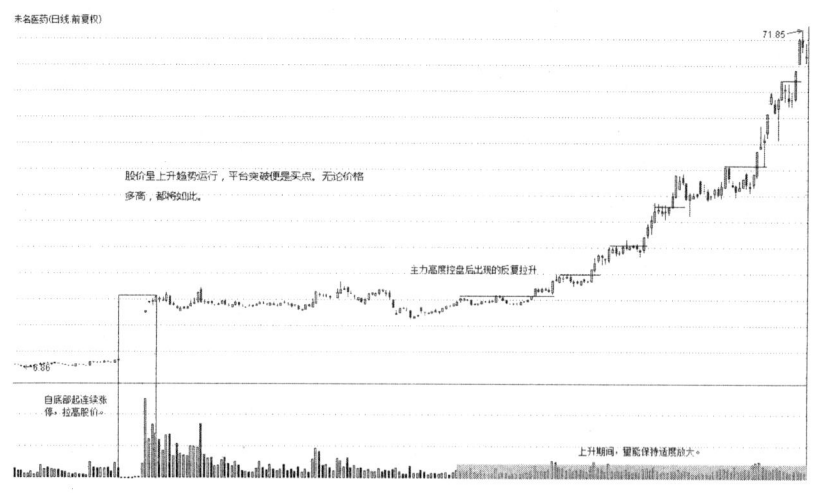

图 6-3　002581 未名医药

注解：强势个股拉升之后还会拉升，所以请不要约束你的交易，当价格持续向右上方移动时，唯一的理由就是不断加码买进。

依照平台突破买入原则，股价沿上升方向持续运行。每一次回落受到前期高点支撑或是创出新高，都是买入信号。这不仅是对于现在，对于未来的成熟市场更加实用。

不是换庄，那一定是出货

你会认为主力在上升趋势转折以后开始出货吗？我想不会的，如果是这样的话那被套的一定是机构而不是散户。事实上，主力更喜欢在上升末期出货，借助市场购买狂热的力量很容易在短时间内将筹码兑现。从某种意义上讲，早日落袋为安是最理想的操作。

那么，如何判断主力是出货还是中途换庄，这的确是操作上的一个难题。股票在上升趋势中的小幅回撤很容易把信心不坚定者洗出去，想要乘坐这趟通往彼岸的列车还需要一些技术手段，去辨别是真出货还是假出货，真假出货的特征又是什么，下面用保利国际的走势为你揭晓。股票特性多数情况下和大主力操作行为有关，长期推动股价上升不是一件简单的事情，有多方面因素在里面，6-4图中，第一起始阶段为缓慢推进走势，成交量配合逐渐递增，至A点处涨幅达70%，符合长庄运作手法。第二阶段A点至B点处为正常调整走势，回撤幅度是前一波上升比例的二分之一，是推动未来价格上升的重要标识。第三阶段B点至C点调整结束后的新起点，上升幅度和动力通常要高于第一阶段。第四阶段C点至D点是最容易出现变化的，有可能会出现换庄，也有可能会是出货，技术上需要注意K线和指标、量能的变化。若指标和量能都出现异常，那就需要注意了，很可能是主力在换庄。如果不是换庄，那一定是出货。第五阶段 D 点至 E 点价格继续保持强势势头，但成交量在上升过程中已经发生变化，量能在高位持续放大，很有可能是主力在出货。

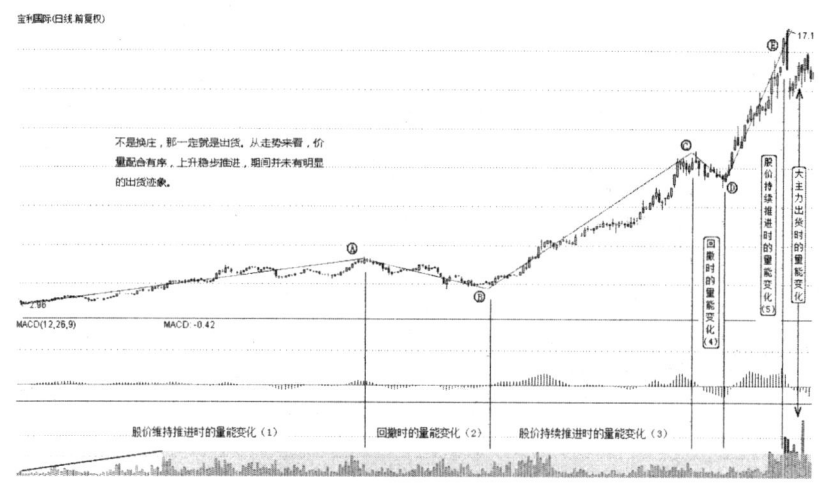

图 6-4　300135 保利国际

注解：当股价朝某个方向持续运行时，需要密切观察价格、量能和指标的变化，它们将会告诉你未来走势将何去何从。

需要注意的是，当价格与成交量配合稳健时，在技术上没有明显出货的迹象，那就会是调整后的底部，未来还有上升空间，直至发生变化。E 点之后，价格在高位出现滞涨，成交量放大超出前期量能的一倍，所表现出的就是主力正在进行大规模的出货，散户是没有这个实力的。因此，当局势发生转变时，需要快速做出决定，且要与趋势相吻合。

6.3 增进投资技能提高收益的三个要点

身肩重任不可马虎。资金布局要与市场方向同步运行，研判方法上也要贴近走势。所以，操盘手都有一个独特的分析工具是来自灵感，这是无法复制的东西。技术上可以共勉，但在交易面前还是要听从内心旨意的，它可以称之为是实战后的最高境界。

投机中没有人可以帮到你，除非你是在100%执行他的策略，否则就不要问东问西。到目前为止，还没有谁能够做到了解每一只股票的特性，这是一个不可预估的工作，所能做到的仅是对一部分的了解，因此，个人经历，参悟不同，认识上自有差别。既然不能做到肯定不如放弃，他人的思想搬到自己的脑袋上来用，成功的概率是要打折扣的。

十几年的职业投机生涯中，让我最感同身受的是每一笔成功的交易都是来自刻苦努力，只要被外界干扰就会失去敏锐的判断，这也是我时常比较苦恼的事情。远离灯红酒绿和高谈阔论的场所，找个僻静的地方做个实实在在的交易者也许是一个操盘手内心最好的归宿，所以，务必做到以下几点。

定位

做好自己应该做的事情，谁主沉浮，朝着正确的方向前进。当你已经具备了独立辨盘的能力后需要为自己寻找一块净土安放心灵。投机事业路上是寂寞的，正所谓成功路上不拥挤，合理的定位是持续下去的必经之路。无论你擅长用怎样的策略进行操作，最终都是走向同一个目的。有人喜欢采取长线策略，搞搞价值投资；有人喜欢采取中线策略，进行波段投机；也有人喜欢采取短线策略，寻找刺激；等等。还有的人喜欢灵活交易，一切策略都听从市场的旨意或长或短，就比如我。

然而，更能激起欲望的是只要通过结果证明是正确的，那一定就是最好的。伟大的成就都是来自专一，股票市场有爱有恨，对成功者来说爱会更多一点，因为始终如一。对失败者来说恨可能会多一点，逢场作戏都不会长久，因此根本无法形成自己的交易模型，那又岂能成功。

一旦有明确的定位以后，就不要轻易改变。在原有基础上增加交易技能是必要的，但要完全改变操作思路是会付出惨痛代价的，所以，请保持已经成型的模型并持续下去。

信心

操盘手内心所承受的压力较大，在弱肉强食的市场中，能赚到收益一定是擦亮眼睛、精神高度集中下赢得的，稍有犹豫都不能全身而退。当然，自我内心调整的能力也很重要，价格涨跌是自然规律，突发事件也时有发生，因此，无论经历怎样的暴风雨，长远来看，指数还处在一个相对较低的位置，未来将有更高的点位出现，发展、改革创造了机会，信心是抓住机会赚取收益的条件，不能因为犯过错误就不敢去把握机会。

成功者总是在寻找方法，而失败者总是在寻找借口。就比如，做股票你总是喜欢在下降趋势中抄底，结果却是抄完这个底还有另一个底，一次犯错，步步犯错，真要等到股价进入底部反而无力或无心再买，失败的过程不外乎就是这样。然而，成功者却喜欢在股价形成上升趋势或者有了明显的上升迹象时才考虑买入，而且还是在调整结束突破后买入，价格虽然要高出很多，不过结果却是不一样的，每一笔交易基本都可以赚到收益，这是提高收益增加信心的唯一方法。

相信，你已经发现了自己的问题，还没有到了无可救药的地步。从现在开始建立头寸时，努力克制不良习惯，在上升趋势中逐步买入，谨记这个信条就会成功。

优化

趋势在运动中发生变化，策略在使用中得到证实，审查模型优化交易系统在操作中及时发现。成功之处需要发扬，错误欠缺的地方可以弥补，实践才是最好的老师，每完成一笔交易之后都会有新的认识和体会。

为什么要强调独立思考，操盘手的核心竞争力在于独特，思维共享的结果会影响判断，为此，必须成为一名独立思考的炒手，积淀自己的操盘文化。当能力积攒到一定的时候，无须再去听从他人意见，分析思维和习惯已经潜移默化地形成一种力量，而这种力量就是战胜市场战胜自己的独特模型。

不断优化，在现有习惯上增进操盘技能，制定不同市场下的交易策略，形成一套多层次的组合模型，它就是你的思想。

小 结

努力培养自己成为一名优秀的操盘手，过程虽然曲折，结果却十分美好。本章内容重点讲述以怎样的态度来看待这个职业，并在进行这项工作所必须具备哪些能力。

第一节，股票操盘手超越自我的基本要求　　讲述了职业操盘手应该朝着一个专业而健康的方向努力，并在工作中克制自己参与一些与交易无关的事情。当然，这些都是因人而异的，完全按照某个程式去做也许你会觉得生活毫无乐趣，总之，它都是在执行你的意愿。

第二节，识破主力真假出货还是换庄的方法　　讲述了有一种神奇的能力，当你无法用正常手段去给市场做出结论时，也许这种灵感是唯一可以解救的办法。它不拘泥于现有的技术，而是凌驾于内心之上，并告诉你接下来应该进行怎样操作。

第三节，增进投资技能提高收益的三个要点　　讲述了操盘手独立思考的能力，应该明确自己在市场中的定位，通过独特的交易方式寻找可持续生存下去的机会，只有提高操作概率才能信心百倍。为此，不断优化操盘技术方能更好地胜任这个职业。

至于，日常所使用的交易工具和如何将工具运用得出神入化，将在第七章股票操盘手的策略工具中详细论述。

第7章
股票操盘手的策略工具

建立分析体系,用多种策略研判股价未来运行方向。

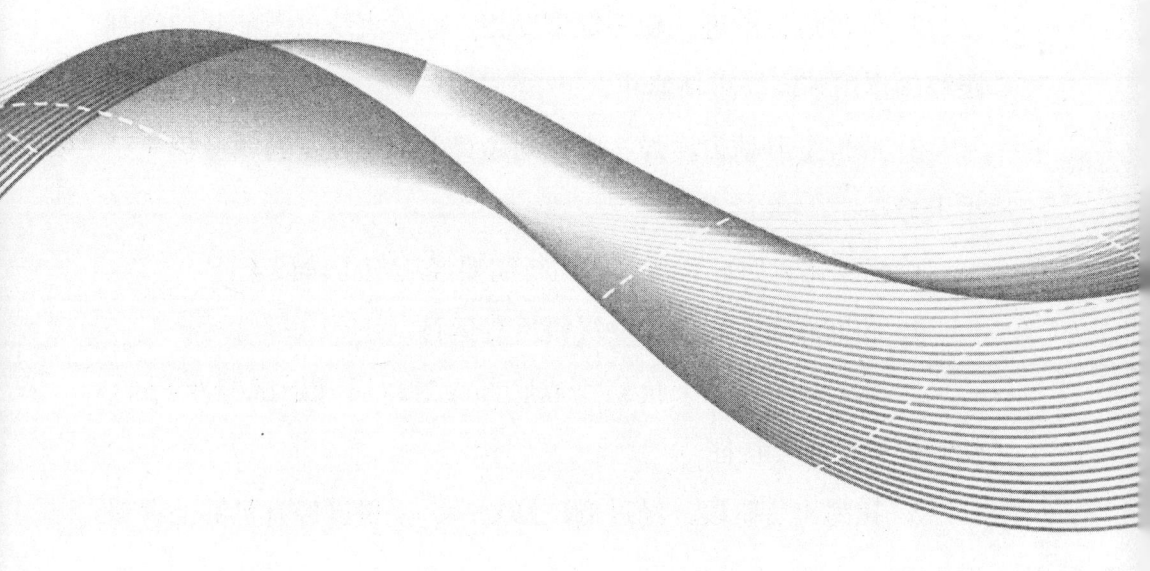

无论你学习了多少有关研判股票的方法，最终还是要将其落实到实处，并让它成为行之有效的策略工具。那么，就这个问题而言，股票操盘手是怎样运用的呢？

7.1　直线策略识别拐点

理论上直线策略是对未来趋势研判和当前技术买卖点的把握，以直线分析的方法在运动中采取行动。使用要点是寻找两个相近低点，即低点与次低点之间形成的延长线，未来价格上涨也将朝直线指引的方向进行，若不改变始终如此。

直线角度的切换随股价涨跌速度修正，如：

1. 股价运行成缓慢走势，直线角度斜率则较低，股价上升动能有限。

2. 股价运行激进，趋势发生变化，原有直线已不能起到研判跟踪的作用则需要重新修正。

3. 股价上升动力增强，中长期趋势发生变化，直线分析应贴近走势。

价格变化自底部到顶部的运行需要经历三个阶段：

1. 底部夯实阶段，涨跌缓慢反复运行。

2. 初步拉升阶段，价格完成底部吸筹以后开始试探性上涨，快涨慢调是主要特征。

3. 拉高出货阶段，经过低位修复后，手里已经有足够的存量筹码，安全出货将是决定最后成败的关键，为此，一边拉升一边出货就会在价格上表现出激进的K线走势，通常盘中宽幅震荡是主要特征。

然而，直线分析要领是线随价动，快速与缓慢是动能的变化，上升陡峭，未来回撤幅度也相对较深。因此，股价过高，偏离趋势主线后向其回归是必然过程，短期直线分析的目的就是规避在趋势修正时出现的回撤。利润回吐是一件不愉快的事情，即便是利润数倍后也是如此，具体操作请参照以下案例。

就股票交易而言，从盈利角度去分析，价格调整至趋势线受到支撑便是买入点，且处在相对低位。例如000839中信国安自2014年8月27日最低7.52元上升至2015年6月18日最高29.97元，期间涨幅达四倍。根据买入信号提示，在运行当中有过三次主要趋势的演变，但不乏股价快速上升时出现的短期修正，即实线为主要趋势，虚线为次级趋势。

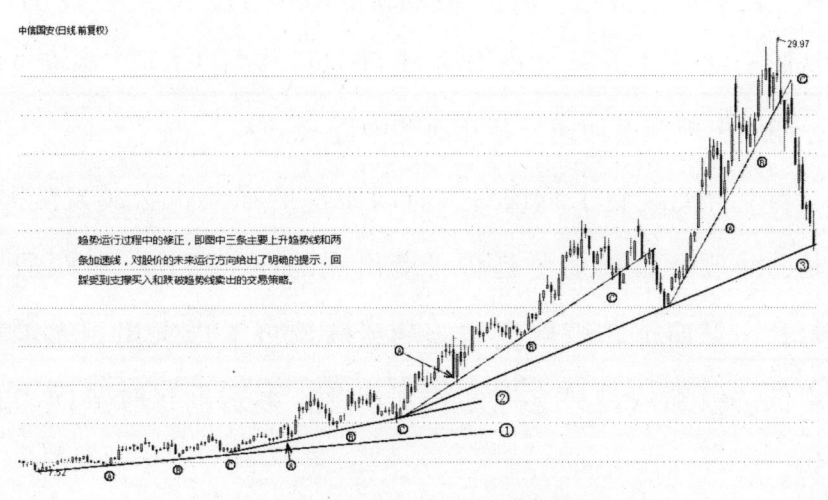

图7-1　000839 中信国安

注解：利用直线趋势的描绘和修正，从中掌握股价运行速率以及买卖信号的提示。如7-1图中显示的三条主要趋势线和修正线的变化。

图中①、②、③标示为上升斜率，A、B、C为买卖点提示，趋势运行缓慢，波幅相对较小，陡峭波幅则较大。此外，趋势直线修正随价格缓慢、极速而进行。买入条件是，股价回踩趋势线并受到支撑为最佳买入时机，除非趋势发生转变。

那么，为何要使用趋势直线来完成对股价的判断？显然这是一种极为简单而有效性较高的方法，价格运动或快或慢将通过趋势的斜率表现出来，陡峭或者是回踩都会有信号提示，为此，不断修正是重点。

此外，在价格运行速度快慢的过程中，通过直线对"加速或衰竭"走势做出研判。例如300023宝德股份在2014年12月23日最低5.68元上升至2015年6月11日最高21.94元，幅度近四倍，期间出现多次加速，并在演变中提示买入。

当上升速度越来越快时，直线跟踪的描绘也会越发陡峭，这是防止股价远离主要趋势可能出现的向下回撤。紧跟股价运行，一旦向下跌破修正后的趋势线便可考虑卖出，无须等待更低一级别的趋势支撑。若是如此，再到重起时买回来也无妨。

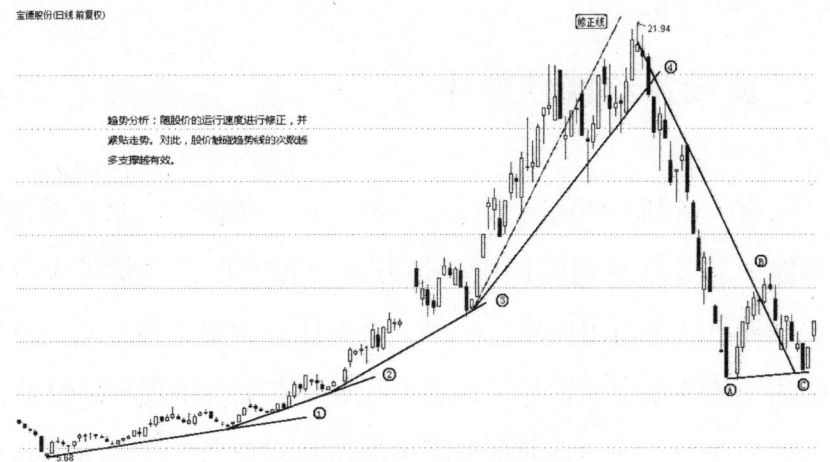

图 7-2　300023 宝德股份

注解：使用要点，随价格走势运行快慢，不断修正趋势斜率，通常描绘趋势线越贴近走势越灵敏。

图中①②③④标示为上升斜率，价格受直线支撑后买入。虚线为上升加速线，与④线不同的是修正线在价格上方，而④线则是在价格下方。那么，对此如何判断，价格回撤向下跌破修正线以后再次选择向上，但没有站到修正线之上，将会对未来价格产生反压，原有的支撑作用失效。A、B、C 为趋势发生改变后的买入信号，即 C 点受支撑并改变方向。

因此，交易中要严格执行策略，朝上升趋势运行，跌破趋势线为卖出信号，不可贪图股价会在下方的某个价位受到支撑，那都是事后说来听听，一旦回撤过大你会变得焦头烂额，情绪不再稳定，对操作起不到实质性意义。若在下降趋势中运行，反弹至趋势线或是突破回踩，受到支撑再次启动便是参与的机会。

7.2 曲线策略擒住慢牛

与直线研判不同的还有另外一种工具，是曲线分析，即移动平均线。对股价研判的作用一是股价运行方向，二是买卖点把握，相比直线分析更要傻瓜一些，可以任意调整参数。缺点是股价偏离平均线乖离率增加，在卖出和买入点上会出现滞后现象。

因人而异，这一点完全取决于使用者的要求，根据未来价格运动的周期长短和跟踪需要，将参数设置得合理恰当。简而言之，参数设置的大小与个人操作习惯有关，投机则短，投资则长，实战中较为灵活，是针对不同股性制定的策略。就目前而言，使用20天参数最为实用。

例如，当股价沿20日移动平均线稳步攀升，而出现"回踩或突破"都会被视为一次买入机会，直至走势发生新的变化。如图7-3楚天高速，股价在低位贴近移动平均线，时而向下回踩并受到支撑重新上涨时发出买入信号（图中黄色圆形标示处）。与此同时，成交量也在不断放大，这也是推动股价后期加速的原因。

所以，理想的状态是在价格和移动平均线黏合、再次上升时买入，这样就会对市场充满爱意。相信，这对你来说并不是一件多么难的事情。但我要告诉你的是，当价格进入加速时期必然会和移动平均线产生乖离（移动平均线和股价之间的距离）且速度越快乖离率越大，这样就很不利于操作者把握。假如，等股价向下回踩至移动平均线并跌破再卖出的话那将会流失掉很多利润，这肯定不是我们想要看到的结果。为此,我将在本章第三节涨速策略中来解决这个问题。

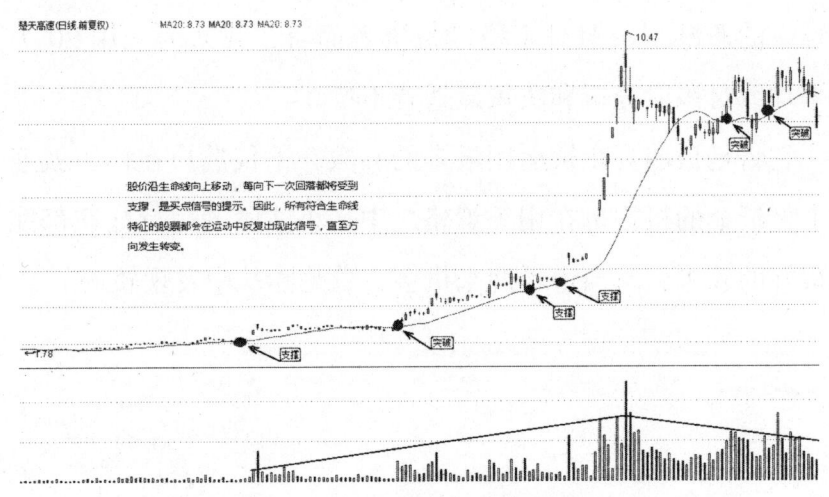

图 7-3　600035 楚天高速

注解：价格向下回踩移动平均线后受到支撑,再次上升时为买入信号;反之,跌破为卖出信号。

依据操作策略,移动平均线所能解决的问题是对价格走势的长期跟踪。优点是对稳健性股票跟踪的独特作用,缺点是对激进型快速波动的股票会出现盲区,因股价上下快速运动而失去最佳买卖点。

因此,确定其是否有效,需要通过历史走势来验证。假如,在使用该策略工具分析股价未来走势时,发现准确率并没有达到理想效果,那它就一定不是最合适的工具,建议改换其他策略或重新选择投资对象。

以图 7-4 天津普林为例,在 2015 年 1 月 21 日开盘 8.36 元上升至 2015 年 6 月 18 日收盘 18.19 元，上升幅度两倍多，依据 20 日移动平均线提示，期间出现 5 次买入信号，是一波较为典型的主升浪行情。不足之处是，无法做到在最高点卖出股票，这也许是唯一的遗憾了。但对于稳健投资者而言，我认为采用 20 天移动平均线对该股分析和决策最适合不过。

它将是目前为止被运用最多的参数，不仅散户在用，就连坐拥上亿资金的机构也在用于策略之中。小波段的运行往往都能起到很好的效果，每当市场迎来机会，总是能从中发现轨迹。

图 7-4　002134 天津普林

注解：股价沿平均线向上移动，每向下回踩受到支撑，起涨时都会被列为最佳买入点。除非方向发生转变，否则始终如此。

可以解决的问题是，一波缓慢上升行情通过简单的一条曲线便可以从底部将股票一直持有到顶部，期间虽有小幅回撤但都在支撑位之上。需要总结的是在整个趋势运行中，价格都围绕平均线移动,产生乖离就会向曲线回归,直到方向改变。

7.3 涨速策略狙击涨停

涨速策略针对以上两者未能解决的问题进行弥补。其分析方法是依据价格在上升趋势运行中,经过短暂休整后重回涨势时的突破点,无论价格多高,运行时间多长,只要符合突破的要求都是一次新的买入机会,除非趋势发生转变。

时至今日,战功赫赫。就此方法,曾让我在期货中大获全胜,股票市场捕捉涨停更是常事。当然,它也被列入策略模型交易之内。每当所有技术分析工具失去研判效应时,它总会帮到大忙。下面通过两个真实案例来说明用法,即002692远程电缆和600094大名城在上升期间多次出现的买点,以及如何在方向发生转变后结束交易。

远程电缆为缓慢运行台阶渐行突破的走势,持续时间较长,俗称慢牛。与波幅较大的其他个股不同之处在于趋势形成和特性,从2015年1月19日最低4.54元上升至2015年6月5日最高16.14元,期间多次出现买点信号提示。与直线策略和曲线策略不同的是,当市场进入强势状态以后,大多数个股都存在加速上升的可能,通过前述其他工具又难以准确地把握买卖点,因此,涨速策略就成了最佳的选择。

买卖原则依照价格突破和跌破进行。上升趋势中价格突破整理平台重新站到另一个台阶之上便是买点。反之,若买入后的价格未朝预想方向上涨而是选择向下并跌破台阶,那便是卖出点或是止损点。

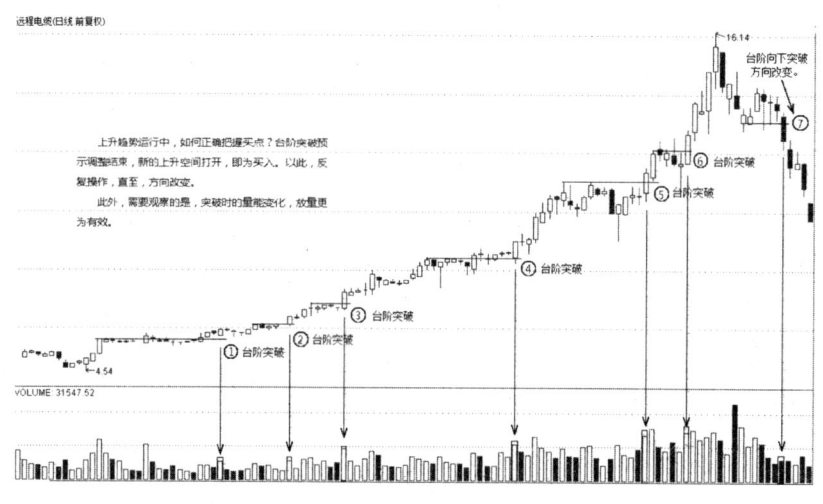

图 7-5　002692 远程电缆

注解： 当股价沿趋势方向运行时，出现调整后的放量突破，即台阶处便被视为最佳买入点，反之也是卖出点。

　　台阶突破买入条件是：价格处于上升趋势运行，每遇调整之后重新选择向上时，就是建仓机会。图6-5中①②③④⑤⑥均为台阶突破，且突破时都伴随成交量放大，趋势持续就是股价不断创出新高的过程。回避调整，参与突破，在快速上涨后出现停滞卖出所持头寸，是提高资金使用率的有效办法。

　　图中⑦处所标示的是，价格趋势发生转变，原有的上升台阶变为下降台阶，根据买卖原则，理应放弃操作。

　　再如，大名城自①台阶形成以后，②③④⑤⑥都在运行中给出买入信号，至⑦处价格发生转变，由上升转为下降，宣告趋势结束，原来的买入信号现在改为卖出信号。

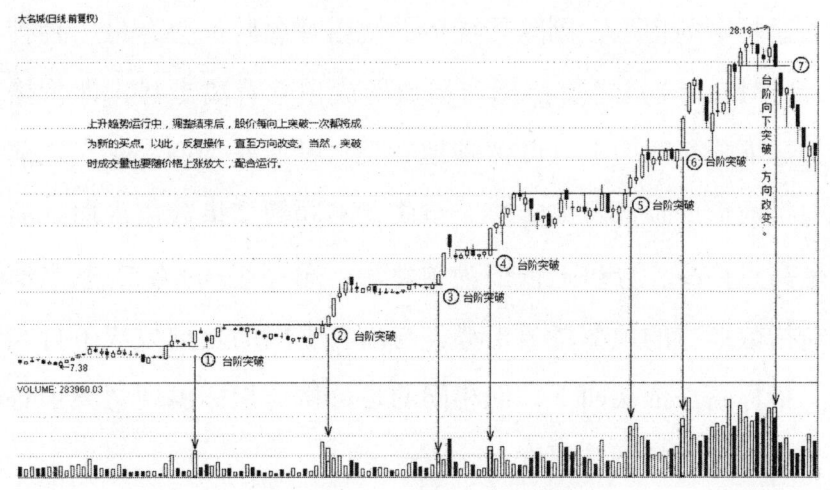

图 7-6　600094 大名城

注解：严格按照策略在市场进入半强势状态以后操作，成功概率会更加令人满意。假如在弱势市场使用请务必做好止损准备，以防走势出现转折。

趋势向上运行，往往会有资金不断涌入市场，当然，这也是股价持续上升的重要原因。那么期间是否会出现价涨量增的态势？上述图表已经证实了这个问题，若有背离，行情必然结束，为此，我将给出新的战法来回答这个问题。

7.4　指标策略助力逃顶

技术指标应用在操作中是一件令人头痛的事情，种类较多，实用性似乎也不高，看上去基本差不多，不会用是普遍现象。从功能上看每个指标都有它本该有的作用，只是因人而异挑选出自己比较喜欢或认为准确率较高的在使用，例如CCI指标在与上证指数运行中的提示，剔除传统指标使用观念后你会有另一种神奇发现。5178.19点之前指标与指数形成顶部背离走势，即价格上升指标下降在图表上可以清晰地看到。其次是4006.34点之前指标与指数形成顶部背离走势，与前者不同的是指数依次向下而指标呈高点抬高，分析上依旧为顶背离。第三是3684.57点之前指标与指数形成的顶部背离走势，与前者不同的是指数成平行式运行，指标高点依次向下，但相同的是价格与指标出现背离走势以后，都有较大的下跌幅度。

导致事件发生的因素有很多，能够在价格出现转折之前给出信号提示的且有较高准确率的指标不多见。CCI指标是顺势超买超卖指标，跟随价格方向运行。当两者之间发生背离，价格就会出现下降或者是上升。就上证指数而言，图中显示的三处不同走势，即顶部背离。

然而，当价格还未走出来之前，对未来价格下跌速度的监测并不在预测范围之内，而是，对可能出现走势的沽空。简单讲，就是会出现下跌，但幅度是不可测的

个人认为对于某种价格走势的研判能有如此分析依据证明，我想会给投资人减少很多痛苦。所以，前人通过实践得来的经验，现代人就可以拿出来使用。如果还想更上一层楼的话那就去参悟其中更多的道理。我想智慧潜能是无限的，只要善于发挥总有惊喜。

股票交易就是这样，当你用心去了解它时，新的东西会不断出现，并代替过去的想法。每个人都一样，成长是个过程，随着

投机阅历增加，一些交易手段也会变得炉火纯青，同一个指标长期使用下来都会有不同的感悟，越发好奇越有新的发现，这就是股市中的奥秘。始终在学习中成长，它不会让你永远停留在某一个地方等待事态的转变，而是要花时间不断去了解它，钻研和包容它。只有这样你才能在别人看不懂的情况下看懂市场，让自己不陷入被动局面。

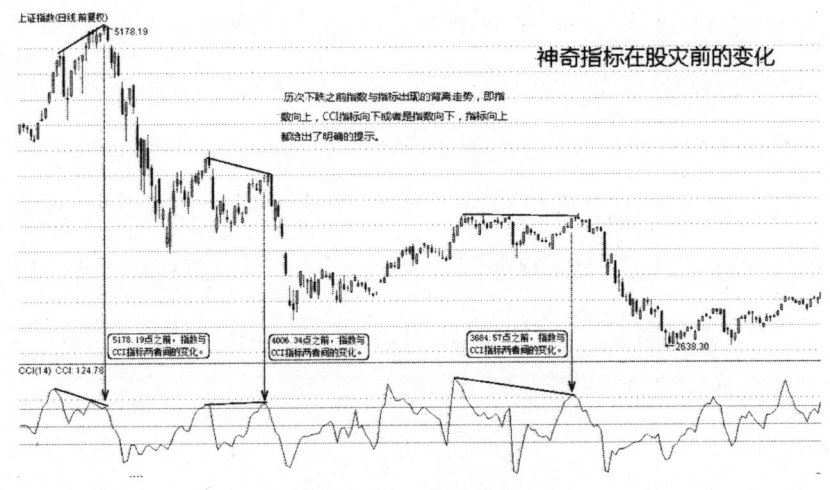

图 7-7 上证指数

注解：指标策略在股灾发生之前、之中、之后和指数间的变化，都提前很好地反映在图表之上。

你无法想象在大跌之前市场到底发生了什么，任何事件的发生必然会有前因后果，这是基本分析研究的对象。技术是对图表分析和价格跟踪做出的研判。当时，之所以有机会在股灾之前卖出股票，是通过指标和价格对比做出的判断，两者在运行中一旦出现非常规走势，后期就会发生大的事件，如图 7-7 所示。

有关CCI也许是一个不被投资人所发现的指标，它就这么神奇地出现在哪里，每当价格进入最后上升阶段都会以不同的运行方式来警示风险卖出股票。例如002620瑞和股份从2015年6月4日最高67.40元，指标提示卖出，股价成快速下跌走势，然而，用一句老话来概括：现在正在发生的，未来还会发生。

2015年11月26日最高50.00元，指标再次提示，随后股价继续出现快速跳水走势。没有相同的，但有类似的，2016年2月23日最高34.00元，指标再次提示，随后股价继续大跌。

CCI指标的神奇也许就在于它能在价格发生转变之前给出信号，警示风险。但贪婪铸成失败的概率，会让人性变得越来越复杂，甚至在投资中会默认风险。韦伯法则早在黑箱技术中就对人性有过描述，人是风险的喜好者。换言之，当人们遇到风险以后通常不是躲避而是傻傻地待在那里一动不动，任由风险扩大。瞧，现在你还在做着同样的事情！

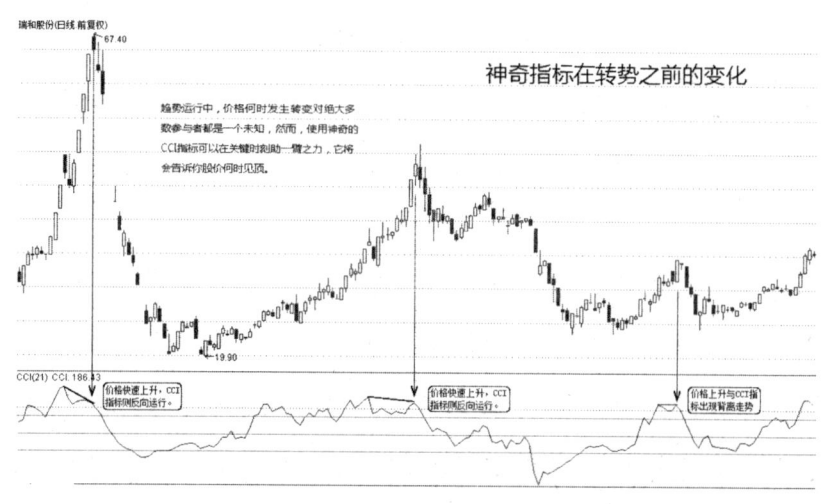

图7-8　002620瑞和股份

注解：当你已经觉察到价格正在发生变化时，但还能做出肯定，它也许会成为你最好的军师。

运用它就要相信它，实践证明成熟投资者对指标的使用数量极其有限，但都比较专一，不会随意更改。反复校验制作成模块后，在市场不同走势中采用配套策略，以更加贴近运动规律，是他们的共性。

小　结

或许你还在努力寻找可以战胜市场的方法，殊不知，已经将拥有的东西扔在一旁。本章内容主要讲述的是依据价格的变化在上升趋势中针对不同股性的走势采用的多种策略工具。

第一讲：直线策略识别拐点　讲述了波动类股票在运行中的变化，通过直线分析价格走势中的速率，并适时跟随趋势做出修正。它不仅可以告诉你未来价格的方向，同时还有买卖点的提示。

第二节：曲线策略擒住慢牛　讲述了针对缓慢运行的股票，若不能利用直线很好分析时，曲线可以帮助投资人解决预判未来价格方向和运行中的买卖点信号提示，进而有效地配合直线策略完成交易。

第三节：涨速策略狙击涨停　讲述了市场进入半强势状态以后，股价在激进走势中的买卖点把握。当价格趋势向右上方移动时，出现台阶并放量突破便被视为是新行情的起点并狙击涨停，以此操作，直到台阶发生转变。

第四节：指标策略助力逃顶　讲述了若分析出现盲区且不能做出有效判断时，CCI 指标也许会成为你最好的军师，这一点将来自真实交易，或是指数或是个股用法都相同。股灾发生之前、期间和之后就是最好的证明。

需要说明的是，为何案例中更多提及的是对上升走势的分析，而很少提到有关下降走势的分析？请你理解，在投资道路上我是一个较为乐观的实践者，我的收益也基本是在上升市场中获得。对于弱势市场而言，这不是我内心想要关注的重点。所以，当拐点出现由上升转为下降，通常会选择站到场外学习，做些力所能及的事情。

第8章
战胜股灾的实盘技法

稳如泰山,才能从容淡定

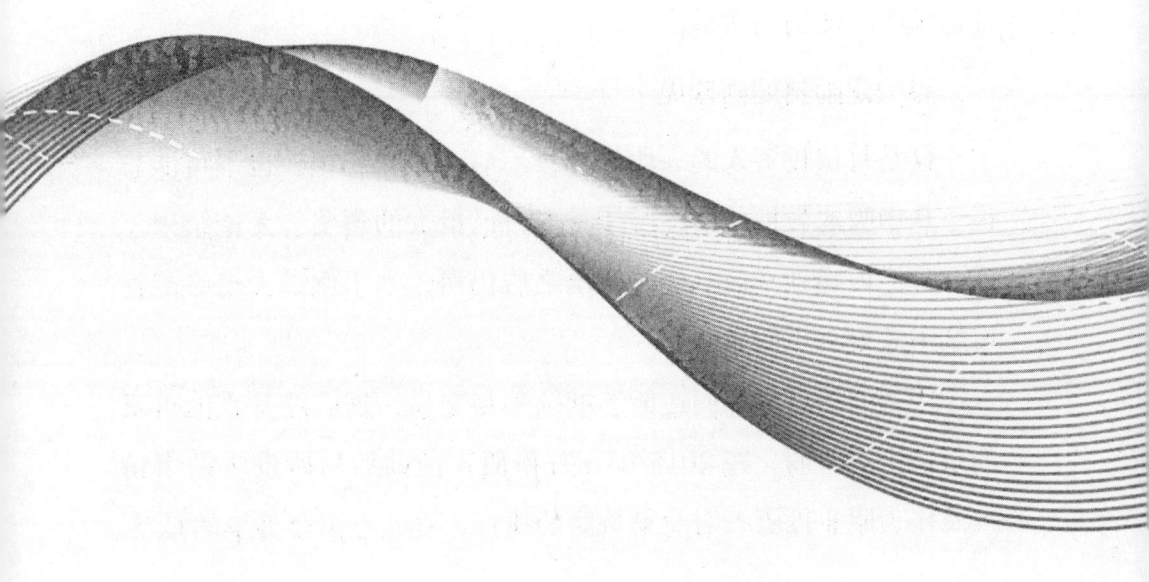

8.1　应对股灾的实盘技巧

没有人希望这样的事情发生。当理智大于行为时，潜在风险就会悄然来临。在单边上扬的 A 股资本市场机制中，推出融资融券显然利于市场长期发展，然而，不利因素也因此发生。一旦股价向下回撤，幅度达到融资线就会被强行平仓，这或许是对各方资金安全的考虑。

实际上，经过新金融模式的尝试，人们遭受的代价是非常惨痛的，究其原因是对市场缺乏正确认识并在参与中失去理智。那么对此我们应该得到怎样的教训和从中总结经验，以及在盘面上有着怎样的特殊信号的提示，本章内容会通过各种技术手段来还原当时的一些情景，它不仅仅是一次下跌，更多的是对参与者胜任这项工作能力的考验。

股灾之前将如何预见

这是每位投资人的一段经历，不应该把它忘记，也不可能忘记。从中吸取教训总结经验才是对自己最大的褒奖，无论结果怎样，都应该感到幸运，经历风雨之后仍然屹立不倒，未来必能在市场中获得真正的成功。

庆幸的是现在我们还能够继续参与交易，这已经是难能可贵的事情了。然而，在 2015 年 6 月份股灾前前后后所发生的事情以及作为职业投资人对交易策略的执行，有几点需要分享的是：

1. 上证指数自 2014 年 7 月 22 日 2075.48 点收盘并突破底部三角形整理走势，开始向上运行至 2015 年 6 月 12 日最高 5178.19 点，期间整个趋势中一直都在以上升 5 浪的形式在运行，见图 8-1 所示。

2. 市场疯狂购买的现象已经超出想象，难以理解的是高位接盘的气氛可以让成交量爆表，这在历史上极为罕见。

3. 技术形态呈上升收敛性三角形，结合成交量爆表的现象一起分析，你会发现成交量在不断放大而指数价格却出现滞涨。换句话说，在这样的场景下，是什么人在买入，又是什么人在卖出，如此大的成交金额从何而来，假如把这些问题思考清楚还会不谨慎吗？

4. 技术指标高位出现背离，尤其是神秘指标 CCI 在高位运行中对指数的跟踪监测，已经提示卖出。（前文有 CCI 指标对指数的分析，在此不做重复）

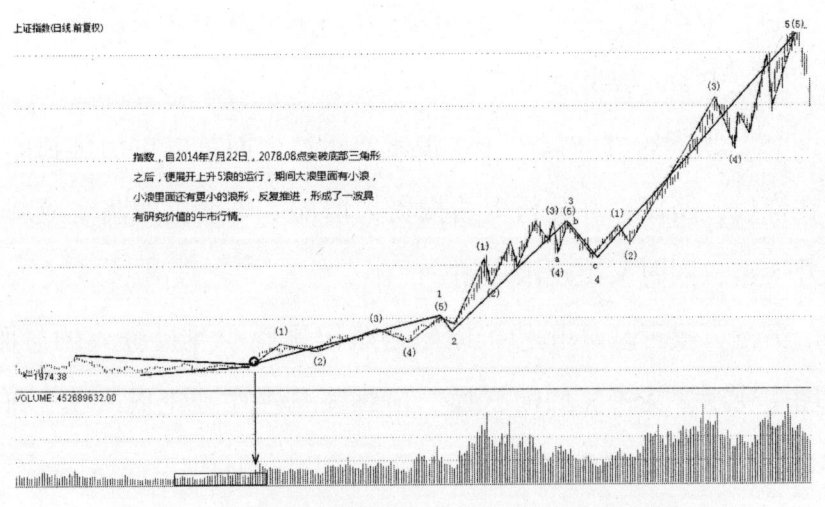

图 8-1　上证指数日线上升 5 浪中的浪中浪

注解： 上证指数在日线运行中推进的上升 5 浪，即浪中浪走势。

综合分析，可以得出结论。就浪形变化来看，一波牛市走出了完整的上升 5 浪，即 5178.19 点为 5 浪延伸最后阶段。根据图表显示，上证指数分为几个阶段运行：

"1" 浪从 2014 年 7 月 22 日底部三角形平台突破算起，至 2014 年 11 月 17 日止。为 1 浪上升，其中由 5 个上升小浪构成。

"2" 浪短暂调整后选择继续上升，即 2014 年 11 月 17 日至 2014 年 11 月 20 日止。市场在 1 浪推进中聚集人气，因此，2 浪的走势并不完整，但这也给后期走势埋下伏笔。

"3" 浪主升浪延伸可谓是浪中有浪，大浪里面有小浪，小浪里面还有更小的浪，但整体浪形保持良好。例如（1）浪推进；（2）浪调整；（3）浪主升浪；（4）浪调整；（5）浪延升，小于 1 浪。

"4" 浪调整，与 2 浪不同的是在结束上升小 5 浪以后，开始以调整波中 abc 浪形运行。

"5" 浪运行并非以小于 1 浪走势运行，而是以更加延长的浪形在推进，所以，在分析上给投资人增加了难度，即演变成新的上升 5 浪，同时又出现浪中浪。

虽然，浪形环环相扣，但始终难以逃脱职业投资人的慧眼。如图中所示，无论其如何变换，最终还是在主要上升 "5" 和小（5）浪中的 5 浪结束牛市行情。

对此局面，后知后觉和豪赌者还在指数跳空下跌中寻找低吸的机会。当然，市场配合也是天衣无缝，下跌中仍给出买入机会。例如指数在上升趋势修正线之上受到支撑和前期调整中形成的平台支撑，都会给投资人造成错误上的判断。然而，就趋势分析来说可以称得上是精确判断了，绝大多数投资者都忽略三个重要问题：

1. 牛市推进波中的上升5浪，无论怎样演变最终巧合的是在高位出现3个5浪的交汇。

2. 指数高位滞涨，并出现跳空低开低走，可谓是下跌动力之强，非趋势线支撑所能奏效。

3. 融资融券杠杆盘，变向成为双边市场，上证50和中证500指数对冲等，都会改变市场的运行方式。

机构而言，可以在市场下跌中做空期指来对冲掉股票亏损，而作为普通投资人就只能眼巴巴地看着自己的账面资金一天天缩水还无能为力，这种痛苦也只有亲身经历者才能体会。因此，功能上的限制和能力缺乏是导致亏损的真正原因。假如在大跌之前卖出股票，那之后所发生的事情自然不会伤及自己。假如有对冲功能，按照股票的持仓比例增加空头头寸，也会确保整体资金的安全，可是在我们缺乏这些机制的情况下还不能提高投机能力的话，那即便是在正常的市场运行中又能怎样呢。

所以，当你建立头寸以后，就要认真对待这件事情。不要有买入以后就可以轻易获得财富的想法，要始终专一地去了解它每一时刻的变化，或是微笑，或是悲伤都要用心去呵护。

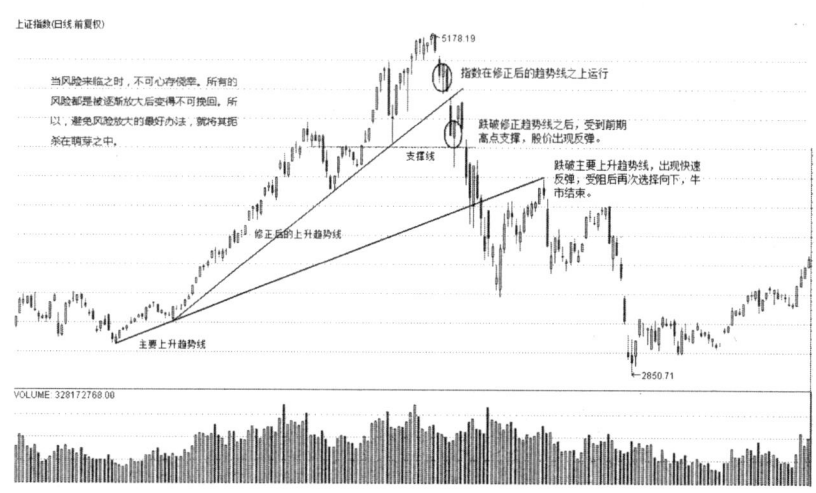

图 8-2 上证指数日线走势图

注解： 当风险来临之时，不可心存侥幸，所有的风险都是在被不断放大后变得不可挽回。所以，避免风险放大的最好办法就是将其扼杀在萌芽之中。

实践证明，需要在操作中历练并提高悟性者多如牛毛，也许这次经历之后人们会更加重视，把投资风险放在交易的首位。但人性的弱点也要得到改正，现实中面对错误人们都不愿主动承担，而是尽可能地把错误转嫁他人，这是需要反省的。参与交易对错结果很快就会证明，无论你愿不愿意都必然接受。

例如，图 8-2 利用技术手段对指数做出的分析，价格下行动能极强成跳空走势，虽然每遇支撑都会出现缓和，但在融资盘临近平仓线时，为了优先资金不受损失，资金方就会提前考虑平仓以确保安全。换句话说，除了自有资金外，不管你想不想卖出都会有人帮你做出决定。因此，有一种现象便是：夫妻本是同林鸟，大难来时各自飞。为了躲避风险，所有人都在寻求自保方法并逐渐卖出股票。

再者,从技术上看,K线形态已经连续出现三根吊颈线,风险急剧攀升。历史上出现此单根K线形态,后市都会有不同程度的下跌,而5178点却在短短时间内连续出现三根吊颈线,这种走势不得不引起重视。相信,市场元老的技术派先知人士,一定会在这样的情形下考虑自身安全的。对此,现在你就可以联想到当初成交量爆表前前后后所发生的事情了。

步步惊心

上升5浪结束必然会形成下降3浪的调整,任何结果的出现都不会是蹊跷之事,5178.19高点出现后,调整波中的ABC走势就开始酝酿,例如8-3图所示。5178.19点至2850.71点为A点,之后反弹到3684.57点为B点,再一次下跌到2638.30为C点,三点形成调整波。期间,A点里面又形成了小的abc走势,B点里面也夹杂着上升5浪和小(5)浪的走势,且浪浪相连,C点也毫不示弱还走出了下降小5浪。

自然循环规律不以人的意志转移,上升5浪推进波与下降3浪调整波,形成一个完整的八大浪循环。新的浪形又将会出现,所以,作为交易者要时刻注意市场走势变化,理性客观分析,只有做到心中有数才能化解一切困难。指数跳空低开低走,千股跌停的局面像噩梦一样每天上演,有多少人在账户资金快速缩水中都不敢打开,只要里面还有股票,只要股票还未停止交易,基本上都是以跌停收盘。我非常能够理解当时参与者的心情,但这一切好像又明白得晚了一些。如果在大跌开始之前就卖出股票,是一件多么愉快的事情。然而,因自身能力的不足才在大跌中亏得稀里哗啦，只能眼睁睁地看着股票下跌却不知所措。

贪婪是人性的弱点，一旦下降幅度超出投资人所承受的范围，再去止损是难上加难的事情，也许因为不懂，也许因为懂了又舍不得去止损，总之，被套是有原因的。职业与非职业的区别在于风险意识和对策略模型系统的执行，职业投资人看到的是风险，而非职业投资人看到的是利润的缩水，因此，同一件事情发生，却有着不同的认识，就如8-3图中走势表现的一样。

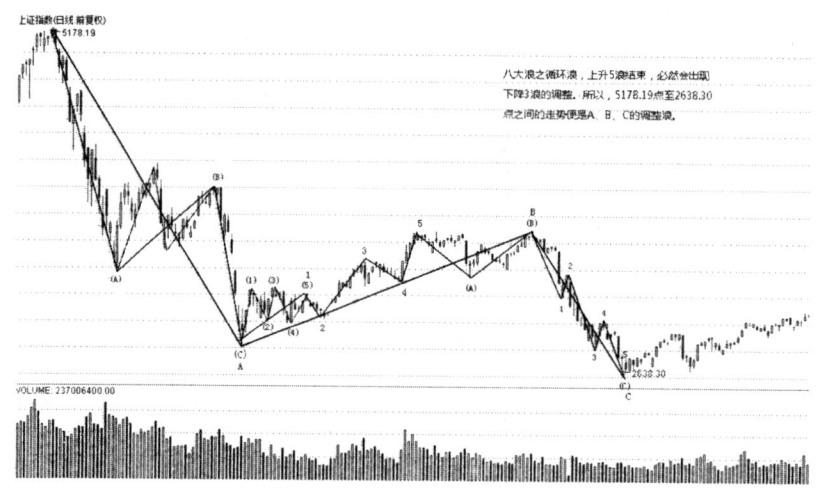

图 8-3　上证指数调整波 ABC 浪

注解：不要认为所有的形态都会一模一样，运动总是在随着时间变化的。

步步惊心不是因为市场风险的可怕，而是来自投资人内心欲望的增加。我一直强调股票市场没有我们想象的那么难，只要用心去分析，悟出推动股价的真正原因，它将会和预判达成联盟保持一致运行。

# 第8章
>>> 战胜股灾的实盘技法

那么,在这突如其来的下跌中应该做些什么呢?分析意义是否还存在,这是市场参与者的命运共同体,当面对股灾时我们所看到的是不断地卖出和强行平仓。从开始对牛市的肯定到之后的保本,再到接下来的少亏足矣,都在一步步考虑如何降低要求,而不是严格执行交易策略。庞大的A股资本市场,产生羊群效应的严重性已经无法想象,短短17个交易日,下跌幅度超过30%,为历史之最。

2015年7月8日《中国人民银行关于支持股票市场稳定发展的声明》和《国资委采取有力措施维护股票市场稳定》的政策发布,中央汇金和中央证金公司救市资金入场,次日7月9日股指低开高走,结束为期17个交易日的下跌,并快速反弹。

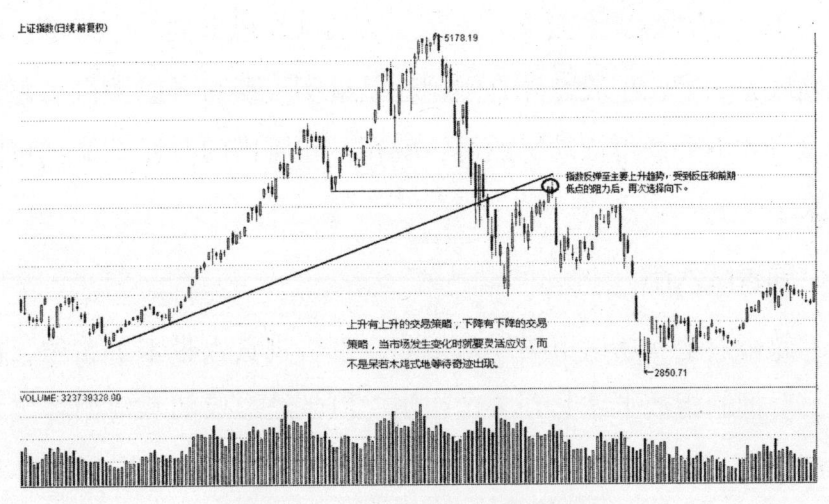

图8-4 上证指数反弹受阻

注解:根据走势变化适时调整策略,便能在纷繁复杂的市场中占有先机。

趋势在股价下跌中破位，也许是下跌幅度超过30%，是物极必反之原理，或是救市资金入场，无论怎样理解都可以，指数反弹已经包含所有信息。从管理层看，是不愿意看到任由指数下跌下去，救市虽然不是最好的解决问题的办法，但为维护投资者的合法权益，还是做出了很大努力。

市场终归是市场，下跌后的快速反弹至上升趋势线附近，以冲高回落的K线形态结束短期上涨，上影线最高正好触及趋势线，受到反压转而向下。开盘实体K线又受到2015年5月7日低点的压制，多种不利因素下指数继续沿下降趋势方向运行。

从快速下跌再到快速反弹，所有参与者似乎都在经历一场梦，有的逃跑，有的捡漏，有的呆若木鸡，总之，各有所谋。智者选择在场外，愚者选择在场内，2015年7月27日股指再次出现8.48%的跌幅，个股无一幸免，人们都在思考同一个问题，股市到底怎么了？千股跌停是闹剧还是事实，参与者应该做出怎样的反应才不会变得被动，然而，就在不知所措的时候救命稻草终于来了。

国家队入市

救市资金入场给市场注入信心，也给投资人带来了希望，同时，对抑制指数下跌起到关键作用。但已经形成的八浪循环之调整波ABC走势却难以改变，短期虽然出现反弹，依旧还在小型（B）浪中运行，进场操作显然是冒着很大风险的，当然，投机就要另当别论了。

综合盘面变化和技术分析对照，发现很多之前较强势的股票还在继续下跌，且没有改变方向的迹象。例如图8-5万安科技走势,反弹高度受前期低点压制,趋势也并未出现好转,作为稳健投资人和机构投资者是不会选择在这种情况下买入股票的,除非他们是观看了电影"死亡游戏"。

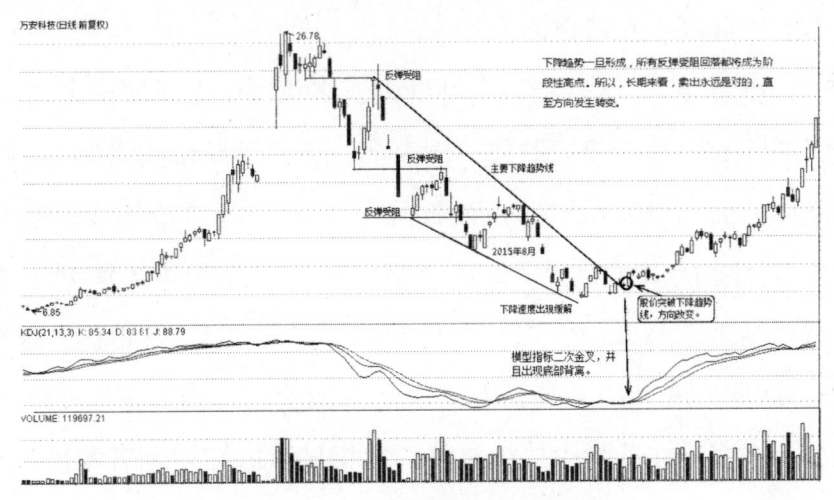

图 8-5　002590 万安科技

注解：下降趋势一旦形成,所有的反弹受阻回落都将成为阶段性高点,所以,长期来看,卖出股票永远是对的,直到方向发生转变。

因此,入场抄底并非明智之举,技术指标还未完全走好,修复仍需要一个过程,若此时进场很有可能底中有底。所以,当时间与空间还没有形成会盟最好把激进的念头先放一放。

那么,救市资金入市利好市场,为何买入股票之后却遭遇下跌？其原因是：

1. 指数反弹在技术上受到压制,未能顺利突破 2015 年 7 月 24 日 4184.45 高点。

2. 2015 年 8 月 12 日,天津港海润公司危险品仓库发生爆炸,不确定自然灾害造成财产损失。

3. 杠杆融资盘触及风控,间接或直接影响到市场。

4. 私募基金产品触及风控线面临强制平仓的风险,提前减持或者卖出股票也在情理之中。

2015 年 8 月 18 日指数高开低走,多头盘中无任何反击之力,全天下跌 6.15%,千股跌停再次上演。单日下跌幅度之大,一天就吃掉前面 6 根 K 线,并回补 2015 年 8 月 10 日的调控缺口,完成大 A 浪中的 B 浪反弹,结束调整。次日,2015 年 8 月 19 日指数低开高走上涨 45.95 点,但与前日下跌 245.51 点相比,仅是 1/5,微弱上涨又给了持仓者一次逃离的机会。当天下午 14:00 之后,成交量在反弹中持续放大,盘相显示后知后觉者醒悟,开始抛售筹码,新一轮下跌又将重现。

随后一周,一无所知的参与者似乎都生活在恐惧之中,连日下跌几乎不改任何喘气的机会,直至 2015 年 8 月 25 日央行下调基准利率 0.25 个百分点"双降"的消息发出,第二天 2015 年 8 月 26 日指数高开低走,盘中出现多空大对决走势,最低下跌 2850.71 点后开始反弹,并以 2927.29 点收盘。

相信,参与其中交易的投资者和投机者都感同身受,也正是因为市场风险的存在与不确定因素对风险的放大,分析走势和读懂盘口才更加引起人们的重视。

盘面变化稍纵即逝,若不能在交易时观察运动中的变化,那将是一件不幸的事情。倘若市场有变,转折之前是很难捕捉到有价值的信息的,这也会直接影响到对交易的正确判断。2850.71

点是不是低点，还有没有人敢去想这就是底，一切质疑的背后市场又是怎样走出反弹行情的？

当然，这些绝不能是凭空想象，分析要有依据，就个人判断而言，信号提示是可以买入股票的，其未来收益是可以预见的，具体有以下几个特征：

1. 指数下跌 42.84%。
2. 价格完成 ABC 调整浪形。
3. 个股下跌幅度超过 70%，符合弱势市场买入条件。
4. 技术指标与图形形态发出信号提示买入。
5. 一波三折买卖法则提示下跌空间已到，强势个股已与指数出现底部背离，只要止跌便会一飞冲天。

8.2　股灾中的实盘交易技巧

战斗结束，硝烟散尽，谁将成为喘息黑马？当然，能够存活下来的固然优秀，在创业板与中小板个股下跌幅度接近 70%，甚至有的已经超出这个比例。从投资角度分析，基本熊市里的下降幅度也不过如此。只要基本面没有发生严重问题，那无论是从投资还是投机角度来看，此时都有参与的价值。

然而，制胜的关键又在选股之上。经过断崖式下跌之后，谁又能成为下一阶段的反弹先锋呢？根据十几年实盘操作经验，得出两个选股结论：

1. 下跌市场一定寻找跌幅比较深且速度快的个股作为备选，未来的反弹力度才会更大。

2. 上升市场一定要选择强者恒强的个股作为交易对象，因为，牛市里拼的是胆量，买的是趋势。

那么，既然下降趋势已经形成，满足购买条件的也有一些，那就去大胆地买入。还是那句话，下降市场不要寻找认为安全的股票买入，形式上看似安全，其实并不安全，交易中往往是那些看似安全的到最后跌得都比较厉害，反而是那些不起眼的股票涨起来更加凶猛。

为此，将通过实际案例来论述当时交易时的情形，以及在下降市场中如何寻找更有价值的股票，并采用怎样的策略来完成交易。倘若你是乐观的，在股市里永远都能看到机会；倘若你是悲观的，在股市里永远都会看到风险。

腾飞前的最后喘息

至此，我所看到的是哀声一片。根据走势分析，下跌幅度超过70%的个股一定是首选，简而言之就是由高点至低点的形成。夭折之后，再夭折的选股策略在超跌市场里是最实用的方法，下跌速度快、幅度深的个股都可以被列在选股的范围之内，若能通过技术上的研判，那利润翻番基本就不是什么问题了。

市场出现止跌。2015年8月27日和8月28日两个交易日大涨之后，至10月8日基本保持横向震荡走势，与其不同的是超跌个股与指数对比，已经发出买入信号。例如图8-6尤夫股份在当时的表现有几点提示：

1. 股价突破下降趋势线并回踩确认。
2. 下降收敛性三角形突破，形态便告完成
3. 根据统计下跌幅度为70.88%。

4. 模型指标 KDJ 二次金叉，为买入信号。

5. MACD 指标红柱变长，预示上升动力开始增强，因此，在这种情况下是符合买入条件的，未来收益也可以预见。

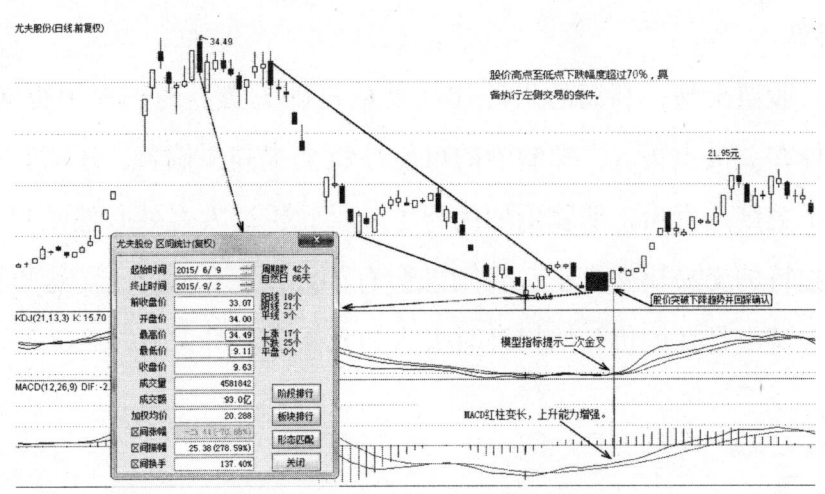

图 8-6　002427 尤夫股份

注解：通过统计 002427 尤夫股份下跌幅度已经超过 70% 属于超跌，技术上出现买点。

002427 尤夫股份，根据买入信号提示，最高上升到 21.95 元，反弹空间在短时间内已经翻倍，如图所示。能够在反弹中顺利捕获利润是离不开市场给予的机会的。更重要的是能够在机会出现之时，用策略模型抓住行情，知道什么时候要拉升和什么时候要回撤，或是改变趋势。

然而，和尤夫股份相近的股票在当时市场中有很多，再例如图 8-7 新宁物流，走势与尤夫股份基本属于一个类型，突破下降趋势，完成下降收敛三角形形态，模型指标 KDJ 提示二次金叉，

MACD红柱变长，上升动能开始增强，下跌幅度为75.05%，纵观条件与前述一样，只需执行策略便可。

假设，换一种思维去思考，当时有意或无意中发现了这只可以翻倍的股票，是否会做出果断买入的决策，如果是你的话会怎么做？

股票交易，利润的来源往往是从正确买卖点的把握中得来，选择在关键点买入，那制胜的可能性就会提高，倘若，还能在另一个关键点卖出，那就更加优秀了。对此，过人之处必然是建立在独特的交易模型之上，否则怎会有如此严谨的操作。（这里指的关键点是在股价开始拉升时买入和开始下降时卖出的点位。）

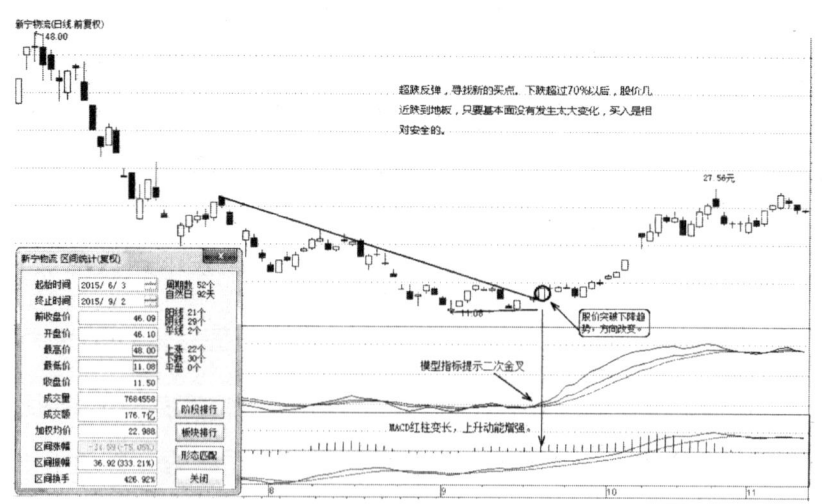

图 8-7　300013 新宁物流

注解：严格执行策略，在策略模型系统发出买入信号时果断入场，并等待卖出信号的出现及时离场。

标准的图形形态和买入信号提示，犹如抱得美人归，不动心那都是在说假话，然而，这些似乎又是得到了老天的眷顾，应该感谢！当时选出来这些股票，经过策略模型分析以后自己都会情不自禁地高兴起来。与此同一时间段内发现的有 002612 朗姿股份、002098 浔兴股份，还有后期表现一般的 002029 七匹狼等都有参与。

对于指数下跌来说，选股正是机会。市场向好时大部分股票都在上涨，选股反而觉得有点迷茫，瓜地挑瓜越挑越花，也不好辨认。那么，在下跌市场中应该怎样选股呢？

1. 在指数进入下降尾声时，选择底部维持平衡或者是拐头向上的股票作为投资对象。

2. 本轮下降中跌幅最大的一类股票，简称超跌。

通常情况下，两者都会在未来运动中有良好的表现，实践证明也是如此。

除了这些以外，决定上升潜力的还有什么？举例来说，被称作是王的女人（证金、汇金持股）的海信电器，注入了大量的资金分别排在前十大股东中的第三和第四位。简而言之，就是当前市场中除了正确的技术研判外，决定股价上升动力增强并可以持续的，很重要的一点就是主力资金的高度控盘。

客观上，判断股价上涨动力的标准是资金有没有进入，何时进入，对未来上升空间有决定性因素。股票再好没有大资金参与，想要走出像样的行情也绝非易事，所以，除了具备一定技术分析能力之外，还要学会对盘面资金流向进行观察。

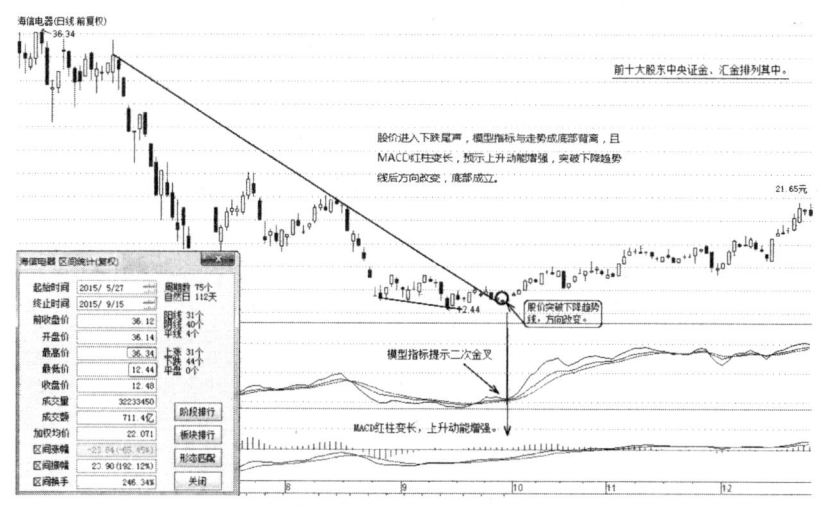

图 8-8　600060 海信电器

注解： 价格实际走势和策略模型系统都发出买入信号，预示股价后期将要上涨，而可以推动股价持续上扬的是资金。为此，当万般条件具备的情况下查阅 F10 资料用于参考。

股灾之后各界参与者账户资金大幅缩水，为防止市场风险进一步扩大，中央汇金与证金公司携资金进入市场维稳，对中创小板参与可谓是抓住了核心要点。当然，后期小盘股的涨幅也是有目共睹的，整个 9 月中，指数都保持在一个横向运动的走势。盘面上看，有"成也创业板败也创业板"代表性的个股在大盘维稳中伺机启动，并在后期反弹中担任先锋角色。

然而，主板市场股票表现却一般，以海信电器为例，中央两大财团增持前十大股东没有出现希望中的那样走势，而是以缓慢温和的方式运行，相比只是稍有涨幅。

为此，出于对买入股票安全系数与收益的考虑，留意盘口资金的变化将成为看盘的一项重要工作。所以，作为追求绝对收益的投机者来说，这项工作不可被忽视，也是抓住黑马疯牛启动时的重点。

依据盘面分析，指数虽然保持平衡发展，而强势股却先于启动，策略模型也已发出买入信号。例如戴维医疗等一些个股。俗话说，心思放在哪里，哪里就会出结果。如果一成不变只盯着大盘的变化而忽略其他股票的异动，那即使有赚钱的机会也不一定能把握得住。

前面章节内容讲到，微小的变化可以在未来的数周或数月产生出较大的影响。虽然，证金和汇金两大财团资金入市，从主板和中小创指数分析，更加偏向创业板，因此，这也为后期创业板股票拉升提供了帮助。

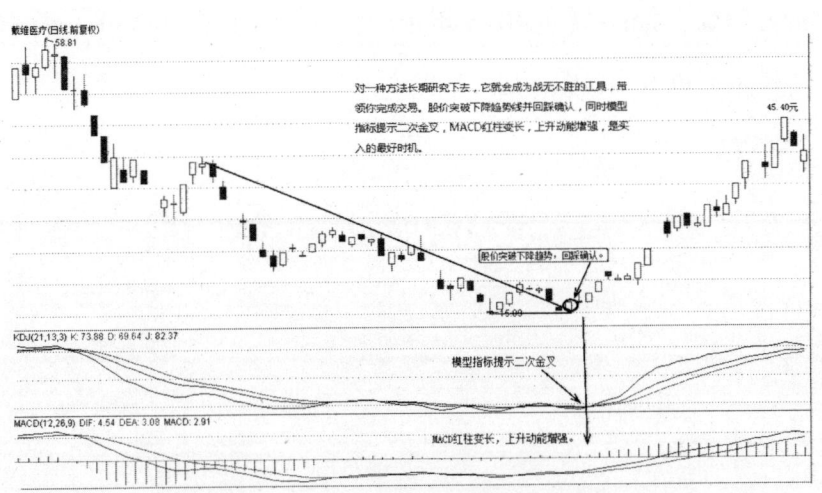

图 8-9　300314 戴维医疗

注解：把一种方法长期研究下去，它就会成为战无不胜的工具，带领你完成交易。

例如,300314 戴维医疗于 2015 年 9 月 16 日以收盘价 16.65 元回踩下降趋势并得到确认,技术上再次以底部收敛性三角形结束下降,模型指标 KDJ 二次金叉,MACD 红柱变长,上升动能增强预示股价将要上涨。事实上,后期在短短 23 个交易日内完成 199.80%的上升幅度。

一飞冲天

2015 年 10 月 8 日,长假过后第一个交易日上证指数高开,当天盘中维持震荡走势,技术上以十字星假阴线收盘,一个月的平衡走势在这一天被打破,新的平衡在未来价格运行中产生。所以,横盘后的方向选择是符合投机者意愿的,蓄势已久的野马一旦脱了缰绳就会疯涨,机构资金提前入场就是对指数上升的肯定。例如,东方银星率先于指数启动,在短短 23 个交易日内上涨 127.01%,期间只在 2015 年 10 月 8 日加速前出现过一根小阴线,具体参见 8-10 图。

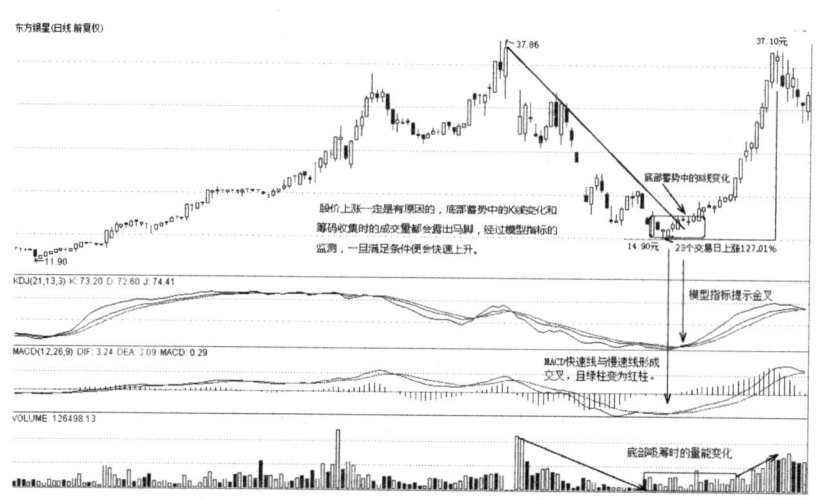

图 8-10　600753 东方银星

注解： 强势个股先于指数启动，并在指数止跌或上升时，开始加速。

那么，是什么原因可以在短时期内有如此大的涨幅呢，问题可以在下面分析中得到解答。盘口显示了该股在底部吸筹时的手法：

1. 盘中打压，逢低买入。

2. 吸筹后快速拉升，所以，价格上就出现了带有上下影线的K线形态。

3. 底部区间，价格以小阳线的形式逐渐推进；技术上MACD指标快速线与慢速线形成金叉，且绿柱转为红柱，模型指标KDJ也在价格突破下降趋势时发出买入信号。

纵观上述分析，满足了买入的各项条件。

再者，是前期低位筹码收集中，主力已经完成控盘比例，以小阳线推进的方式不断加码，并在指数上升和投机热情日剧增加的同时，市场关注度自然提高，因此，当价格向上突破平台时就会脱掉缰绳，迅速飙升。

野马的运行特征与普通股票的区别是，下降速度快，上升速度也快，一旦开始拉升就不会轻易出现调整，不敢买是错失良机的主要原因。

为此，视情况而定，以实际运行方式调整交易策略，每个时间段内的运行规律都会有新的改变，这一点是由市场决定的，主观上的判断要求决策者对指数运行有极强的敏感度，才能正确把握，尤其是个股盘面变化和资金频繁进出。

例如，图8-11海欣食品的运作手法。自跌停打开以后，买盘量能在底部迅速囤积，老掉牙的逢低吸筹手法每日上演。根据模型系统信号提示，低位有大量资金进入，并在条件满足后必会出现一波快速反弹，结果也证明了这一点。

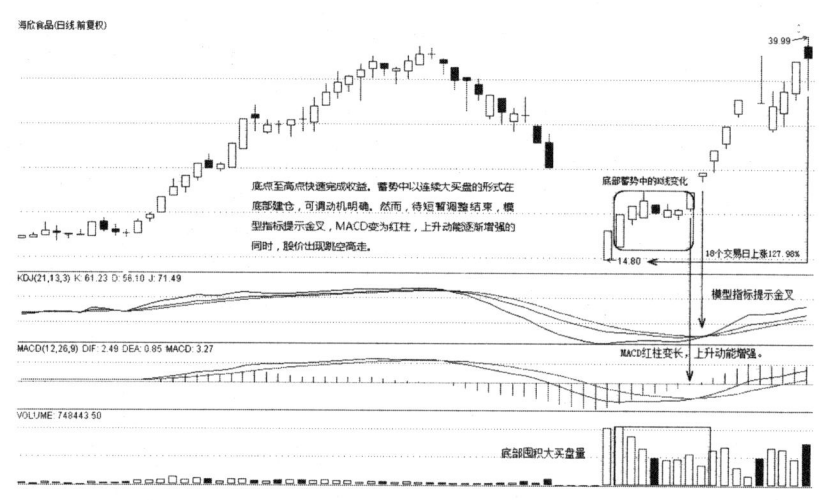

图 8-11　002702 海欣食品

注解：策略模型系统信号和底部量能囤积的变化，是决定价格上升强度的关键。

在图 8-11 中，成交量与价格之间的变化是：之前下降过程中一直保持地量，或者可以称之为是无量运行，之后，突然放出大量并以跌停到涨停的方式收盘，可见其扭转方向的决心。从实战角度出发，上升动能之强，出现连续上升的可能性非常大，按照模型系统买入信号提示便可参与。

买入的理由是：经过底部筹码囤积以后，与 2015 年 10 月 16 以涨停的方式完成平台突破，模型指标 KDJ 提示金叉，MACD 红柱变长，上升动能增强，是当时最好的买入时机。之后，在短短

11个交易日上涨83.91%。

操作中，股票价格未来会涨到哪里，不是目前所要考虑的问题，当下应该决定是要不要执行交易策略，看和做不能同时进行，这是阻碍赚取收益的原因。解决问题的根本办法就是相信自己的判断并执行。

举例，如西部证券2015年9月22日以高开高走涨停的形式突破下降收敛性三角形改变趋势，模型指标KDJ提示金叉，MACD指标红柱变长，上升动能增强的买入信号出现，底部吸筹时的成交量较前期也有所放大，因此，当下就应该买入。

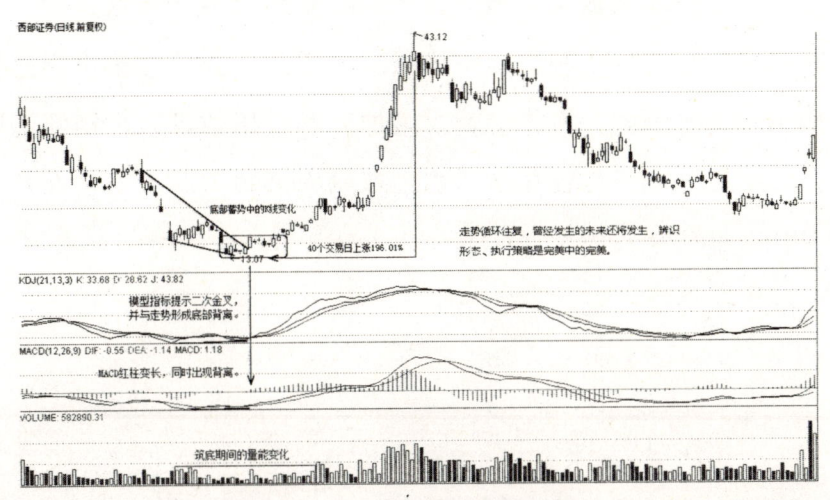

图8-12　002673西部证券

注解：走势循环往复，曾经发生的未来还将发生，辨识形态、执行策略是完美中的完美。

切记，不要考虑眼前价格的高低，只要是买在起涨时永远都会成为低点。在西部证券没有上升到43.12元之前，每一个价格都可能会成为高点,但这一事实只成立于见顶之前。建立模型执行策略的好处就在于根据信号提示买入和卖出,就比如2015年9月22日发出的买入信号至卖出之间相隔36个交易日,上升幅度达180.21%。

当潮水即将退去

买入之后,必然要选择卖出,那么,对于这一点来说又将应该怎样操作。记得当时在我的选股系统里已经很难找到符合要求的股票了,盘面变化显示,之前领涨强势股有动能逐渐减弱的迹象,而大盘在经历短暂上升后开始出现滞涨,市场热点也仅围绕双十一消费概念类板块。虽然,个股还有买入信号出现,但上升空间似乎已经受到压制,板块热点运行凌乱,好像谁都不愿意被当作出头鸟。因此,操作上就要多加注意,指数进入平衡滞涨阶段,多空选择要看投资热情,买入意愿强烈热点必然会持久,反之,就会维持平衡或选择向下。

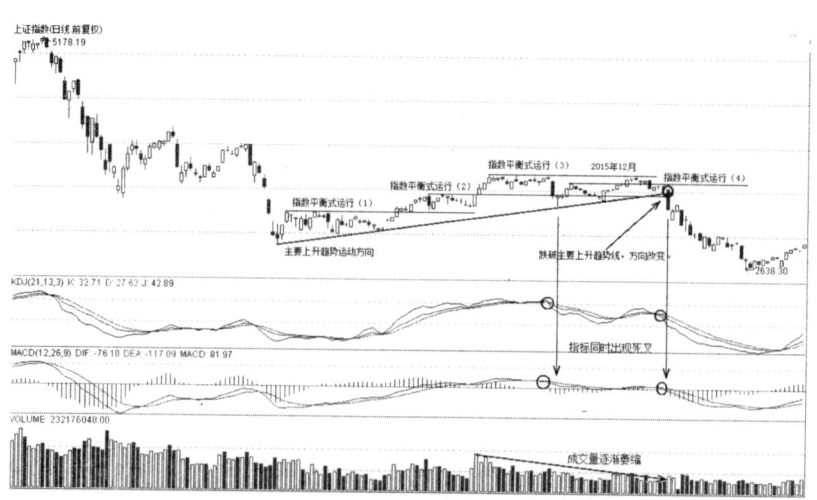

图8-13 上证指数日线分析图

注解：指数横向运动寻找新的平衡，而成交量逐渐萎缩，技术上已经出现转势信号。

从走势来看，整个11月份上证指数几乎都处于平衡式运行之中，直至2015年11月27日当日下跌5.48%才打破平衡。期间MACD表现为红柱逐渐变短，快速线与慢速线高位黏合与指数出现背离走势，模型指标KDJ高位死叉。根据模型策略提示，出现死叉并向下穿越80将预示股价转折。

此外，先于指数起涨个股如600405动力源开始走弱，强劲上升势头需要重新认定，阶段性反弹走势以台阶突破的形式运行。若价格能够继续保持在平台之上运行，尚可参与；若向下跌破平台则趋势转折确立。所以，实战中不可抱以幻想而违背现实，应以真实走势为重。

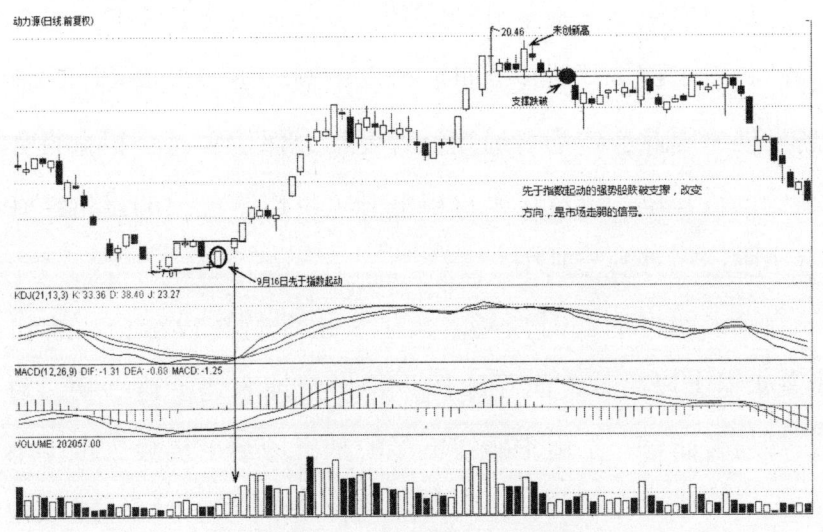

图8-14　600405动力源

注解： 先于指数上升的强势股跌破支撑，改变方向，是市场走弱的信号，理应有所反映。

对比分析，2015年9月16日动力源先于指数启动并在34日个交易日内完成153.68%的涨幅，但在指数维持横向运动时该股反而破位下跌。之前文中有所提示，强势个股通常都会先于指数启动和回落。

指数上升时个股的三种表现：

1. 强势股：指数止跌进入筑底阶段时，个股开始上涨。
2. 普通股：与指数同步运行，齐涨共跌。
3. 弱势股：指数进入上升阶段运行时，个股不涨或微涨。

假设，多数强势股高位回落与指数形成反向走势，那么，未来市场很可能就会出现下降或维持平衡，从赚钱效应上讲已经失去机会，适当规避风险走为上策。

强势股退潮，指数上升动能减弱，普通股维持走势，若不能有新的热点出现，买盘成交量必然会缩减，观望者增多而不利于市场发展。因此，作为普通投资者要学会保护自己，根据操作能力高低调整仓位。错过未来价格上升不可怕，可怕的是价格在下跌过程中还一直参与其中。

当潮水即将退去时离场。沃伦·巴菲特在投资格言中讲到"当潮水退去以后看谁没穿泳裤"很形象地表述了这一切。对于普通参与者而言，牛市中赚钱更多的是市场给予机会，也少不了有个人运气成分在里面，进入滞涨或者是下降趋势后，能赚钱的一定是最懂股票交易的人。

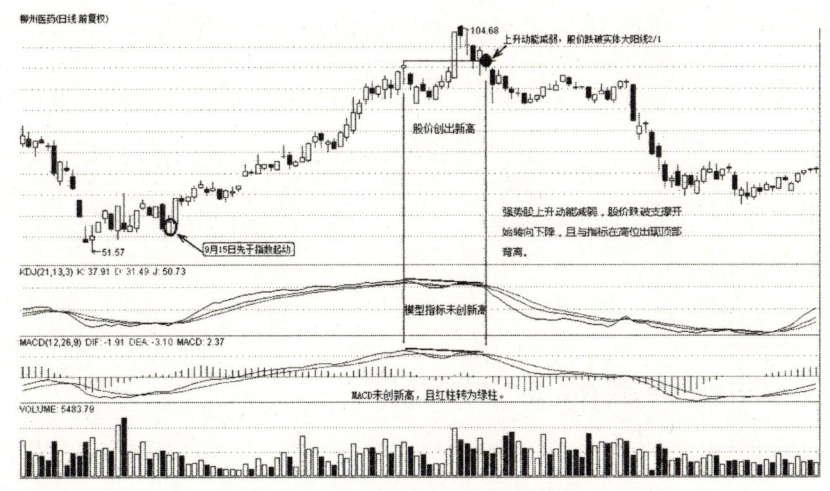

图 8-15　603368 柳州医药

注解：强势个股见顶时的特征，上升动能减弱，价格跌破支撑并开始向下，策略模型指标走坏。

市场没有机会，运气也未必能一直落在你的身上。因此，操盘能力大小将是唯一可以衡量的标准，能不能在潮水退去之后还能穿着泳裤，不是随口说说那么简单。值得敬畏的是股灾之后还能穿着泳裤继续看海的人，一波浪潮来袭有多少人已经被脱去内裤，暴露出难堪的一面。

例如 603368 柳州医药强势股所示，于 2015 年 9 月 15 日开始，一直保持强劲上涨势头，至 2015 年 11 月 24 日加速并以涨停板收盘。依据涨跌速率策略分析应继续出现大涨才合理，若不能保持，那一定是提前预知到了什么。对此，加速上涨时的大阳线将成为未来价格转折的风向标，应该在后期股价跌破实体 K 线

2/1时卖出或止损出局。当然也可以忽视交易模型的提示和技术指标的走坏，将幻想未来不现实的目标价格持续下去。

需要提醒的是，强势股先于指数启动的特征是：指数止跌或进入筑底阶段，个股已经脱离底部区域开始上升，而当指数出现滞涨，个股就会先于指数下跌。从主观判断上讲，强势股是大盘的先行指标。

8.3 防御暴跌的操作技巧

夹缝中生存，一切应以市场为中心，任何有违运行规律的交易都会遭受失败，即便是侥幸短暂成功，也会把错误的思想带到操作中去。当指数进入弱势调整阶段，无论多么强势的股票都不会持续太久。对此，具有敏锐嗅觉能力的职业投资人早就在风险到来之前离开市场。

股市中赚取财富的首要条件是，始终把自己摆放在一个较为安全的位置上，只要保证原有资金的存在就有很多赚取财富的机会。正所谓，财富是建立在一个特定数额的基础上开始复利增长。

当然，做到这一点需要操作者有很强的投资能力，因为你很难确定下一分钟到底会发生什么，有的仅是通过预测或是用时间来证明未来可能出现的某种走势。然而，真正的投资收益是在现实价格朝正确方向运行的过程中所获得的。

寻找平衡

平衡是价格朝某一方向持续运行中的接力点，无论是发生在上升阶段还是在下降阶段都有助趋势的延续，即突破便是寻找新平衡的开始。如上证指数在2015年11月与12月之间形成的平衡式运行，用两个预判方式来说明：

1. 下降趋势末端出现的平衡走势，通常会被假想成未来上升的低点，具有上升的潜力。

2. 反弹中出现平衡，能否继续保持上升走势需要借助买盘力量的推动，否则就会昙花一现。

随着网络信息化的发展，中小散户也开始变得敏感起来，走势稍有不对就可能引发连续抛盘。如果用经济学原理解释的话，可以这样理解：市场参与者需要慢慢地形成对金融产品价值的共识，然而，不合理的论述则是对共识的质疑。

平衡打破方向改变，向上突破表示看多意愿强烈，向下突破表示看空意愿强烈，不管是朝哪个方向突破都将成为趋势持续的信号。就上证指数来看，后期走势都围绕在平衡下方运行，且时间越长越不利于向上，因为技术分析中有"久横必跌"这么一说。意思是，价格在某个上升阶段横盘时间太久就会影响到投资热情，时间久说明观望者居多，一旦失去看涨信心场内资金便会择机出逃，见8-13上证指数日线分析图所示，在维持近两个月的横向运动后被空方一举攻破。

那么，期间相对应的个股在指数维持平衡时有着怎样的特征，以及对应中所采取的交易策略是什么？先知先觉又是怎样逃离熔断的呢？

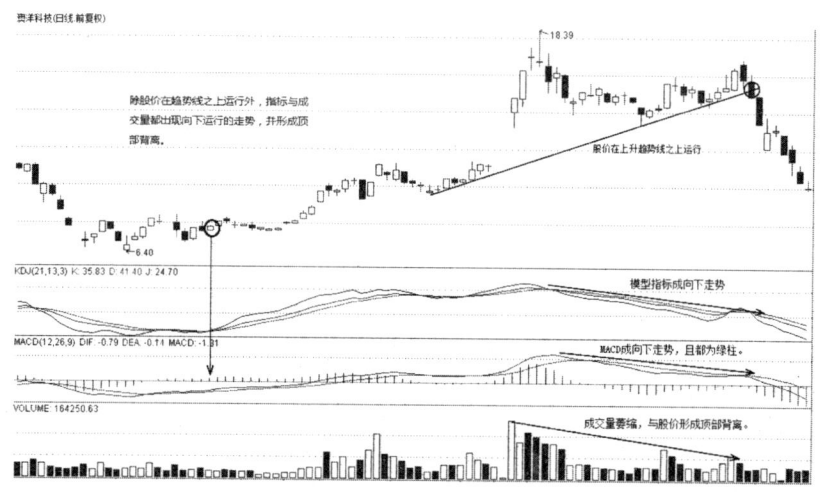

图 8-16　002172 澳洋科技

注解：股价沿趋势线向上运行，而成交量和策略模型指标已经开始逐级走弱，并与 K 线形成背离走势。

澳洋科技在 2015 年 9 月 18 日发出买入信号一路逆势上涨，最高至 2015 年 11 月 26 日 18.39 元，幅度 122.10%。此后该股继续保持强势震荡，所不同的是模型指标和成交量与价格出现顶部背离。假设即便有意再度上升但也无力与指数对抗，最终还是以破位下跌的形式结束上升。为此，强势个股的特点不仅可以让投资人快速赚到收益，还可以用来与指数对比分析，或是成为风向标先于指数提前筑底上升，或是先于指数提前见顶都将成为分析依据。

历史证明，这种规律持续至今还没有改变，而且在指数出现大的转折之前，强势个股的表现依旧如此。至于为什么会这样，我想既然形成自有它存在的意义。投资人的分析任务便是依据历史走势所形成的运动规律在指数出现转折之前做出决定，如图

8-17星期六，该股属于纺织消费板块周期性行业，介于双十一、双十二消费热潮，概念类股票成为当时追捧的对象，因此，根据信号提示与2015年9月17日买入，至2015年12月22日卖出，期间涨幅达106.62%。

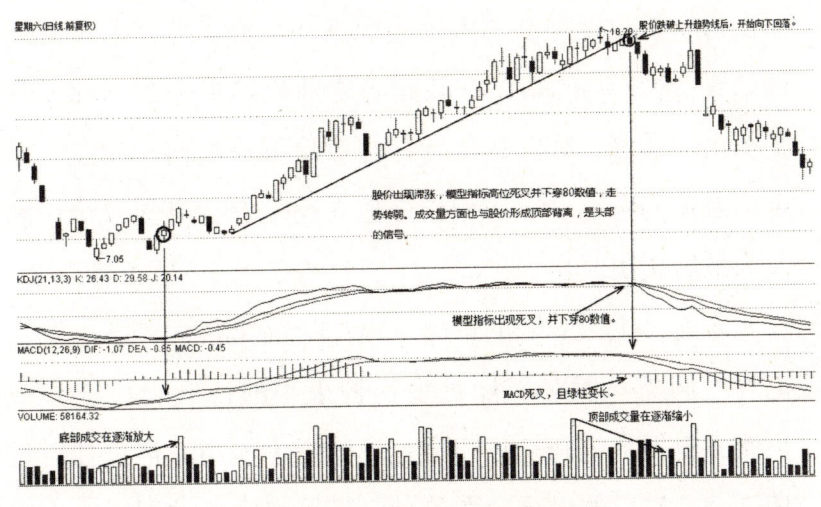

图8-17 002291 星期六

注解：当股价进入强势运行状态后，模型指标KDJ数值就会在80以上运行。此时，若出现死叉但仍在80上方表示股价上升动力强劲。此后，应执行死叉并下穿80为卖出信号的策略。

根据交易模型提示，股价与2015年12月22日跌破上升趋势线改变运行方向，同时模型指标KDJ和MACD均出现死叉信号，且MACD绿柱变长，成交量方面与股价呈顶部背离走势。

如出一辙，强势个股顶部形态的特征是价格与模型指标都会出现背离走势，并已经达成共识。交易者战胜市场必须建立一套模型，并坚定不移地相信它。价格涨跌轮回已有规律，每逢见顶，跌破上升趋势后都会出现短暂的反抽，且幅度都在前期高点之内。

那么，假设股价跌破上升趋势线，模型指标信号发出卖出指令将如何选择？市场有强弱走势之分，对于普通投资者来说都不具备超强的判断能力，操作上难免会出现迟疑和幻想未来行情走好，而主力出货也正是利用人性的弱点在趋势走坏之前将筹码兑现。例如8-18黑牛食品在跌破趋势之前价格形态的变化，高位维持平衡出现滞涨，MACD变绿柱与股价形成反向，动能上已经失去主动上攻的可能性，模型指标也在反复寻找方向，价格跌破趋势线为最后卖出时机。

在此之前，主力采取的策略是盘中拉高出货，形态上制造出继续上升的假象，但对于操盘手这种小小的伎俩很快就会被拆穿，当然，也不会等到趋势完全走坏才考虑卖出。请记住，待趋势走坏已经是最后的机会，在各种交易策略完善的同时，未来这一现象还会表现的更加突出。

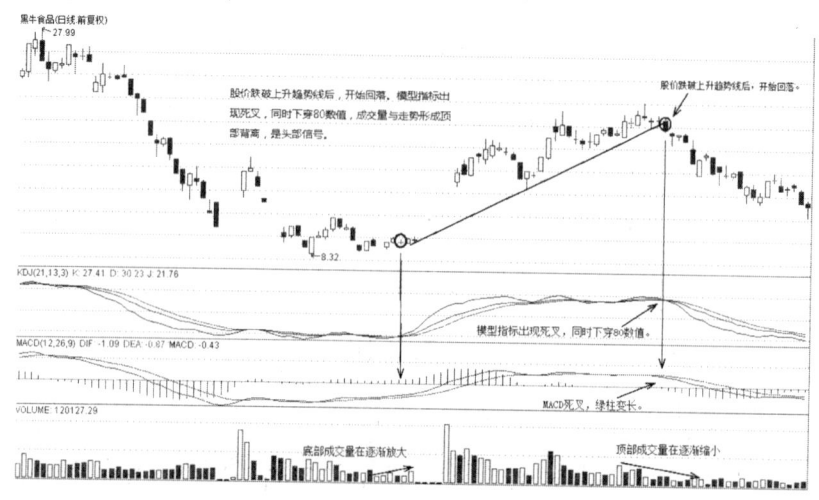

图 8-18　002387 黑牛食品

注解： 趋势破位，模型指标 KDJ 下穿数值 80，MACD 指标死叉且绿柱变长，成交量也与股价形成背离，是顶部信号。

根据模型指标提示，以上 002172 澳洋科技、002291 星期六和 002387 黑牛食品在指数维持横向运动时都出现了一波较强的反弹行情。然而，需要注意的是三只不同类别的股票却在反弹结束时出现了基本相同的走势，上升末端一边拉升，一边撤退，成交量与价格形成顶部背离，趋势破位改变运行方向，因此，防御暴跌的最好办法是暴跌之前就离场。

熔断机制

一种平衡被打破后必然会寻找另一个平衡，维持横向运行近两个月的上证指数于 2016 年 1 月 4 日以当日触碰两次熔断的方式彻底结束自 2850.71 以来的反弹。那么，改变趋势运行方向的根本原因真的是熔断机制所导致吗？个人认为，也许只是时间上的错误，就如同投资者在错误的时间买入正确的股票一样，有很大程度上的原因是来自市场。当你认为一件事情是正确的且必须要做的时候，考虑其他外在因素的可能性就会降低，所以，对于结果的评判已经不足以弥补现实上的亏损。

一日两次熔断，疼吗？疼了你为什么不放手？技术上分析，指数已经有下跌的先兆，并不是从熔断机制推出当天才开始。在此之前（2015 年 12 月 23 日最高 3684.57 点）遇趋势反压受阻回落，之所以没有卖出或减仓是侥幸心理在作怪，对未来走势向好的美梦还没有惊醒，视而不见也在情理之中。不可否认的是现实价格已经走坏，先遣部队强势股带动市场反弹，如今集体出现顶部背离，很大程度上是获利资金已经出逃，留下来的残兵败将又能阻挡得了多久？

　　历史经验告诉我们一朝被蛇咬十年怕井绳，即便是欠缺分析能力的参与者在指数出现大跌的情况下也会坐立不安，思考如何保住本金。俗话说得好，留得青山在，不愁没柴烧。投资制胜的重要环节就是确保本金安全的同时寻找盈利机会。假如，出现判断失误继续下跌回吐的也许不仅是利润，很有可能是本金的缩水，那样便会得不偿失。从跌破上升趋势线起，未来可预测的下降低点在2850点附近，大约有600多点空间，但这只是分析，与实际走势还有差别。因此，不要过多纠结在预测之上，而是考虑手中股票去留的问题。如果，正如预测所料下跌至前期低点或者更低那将如何？持有股票显然是一件非常危险的事情，在趋势发生转变后，能够与指数逆势上行的股票寥寥无几，怎又能保证自己不受到影响呢。以南宁糖业为例，最后一次提示卖出时间为2015年12月22日，股价跌破上升趋势线出现反抽，至最高18.85元开始受阻回落，技术上继交易模型发出信号后又一次提示卖出。

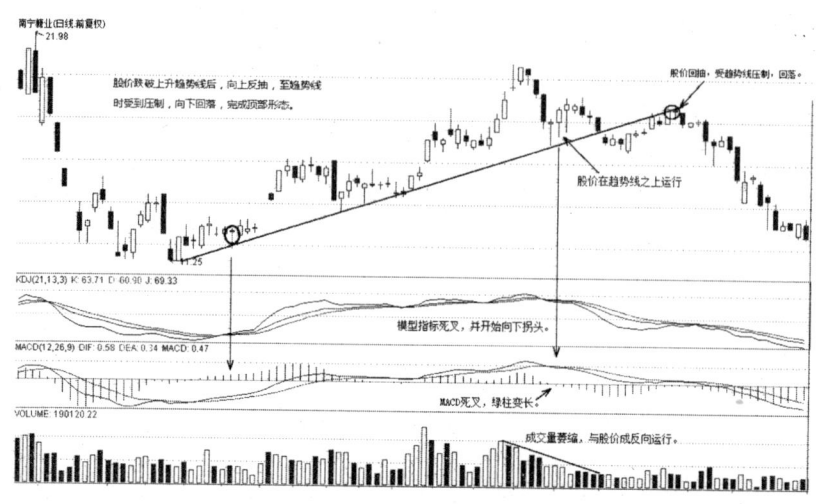

图 8-19　000911 南宁糖业

注解：股价跌破上升趋势线后，向上反抽，至趋势线时受到压制，向下回落，完成顶部形态。

卖出南宁糖业的理由：

1. 根据右侧交易策略，股价已经开启下降模式。
2. 模型指标 KDJ 出现死叉，并在 80 数值以下。
3. MACD 动能指标死叉，红柱转为绿柱。
4. 股价上升，成交量萎缩。

诸多条件显示该股应执行卖出策略，虽然后期出现反抽并上升至趋势线，但这是策略之外的惊喜，主观上不建议有这样的行为。假如这种可能性没有成立，那亏损幅度将会增加。事后来看从卖出信号到指标发出买入信号时有大约 30% 的回撤，若能按照提示操作不仅可以把收益装入囊中，还可以避免股价回撤时带来的风险。

操作策略是固定的，一般情况下不会受主观判断影响，除非将其改动。依据信号提示从买入到卖出是一套完整的交易，即买入信号发出进场，卖出信号发出离场，运行中的任何买入和卖出都不是模型本意。例如，图 8-20 美欣达，买入信号发出时间为 2015 年 9 月 25 日收盘价 22.25 元，第一卖出信号发出时间是 2015 年 13 月 3 日收盘价 40.05 元，第二卖出时间是 2015 年 12 月 31 日收盘价 43.61 元，在此期间并没有其他信号提示。

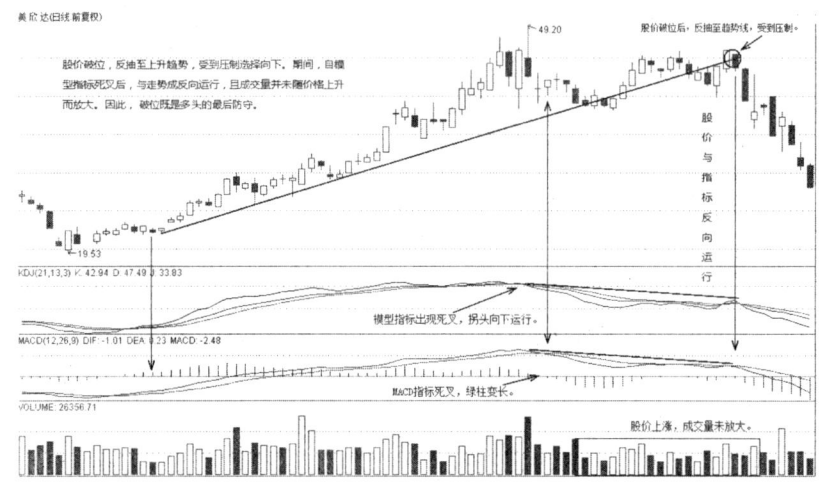

图 8-20 002034 美欣达

注解：股价破位，反抽至上升趋势，受到压制选择向下。期间，自模型指标出现死叉后，与走势呈反向运行，且成交量并未随价格上升而放大。

股票走势不同，信号发出时间也会有所差异，完整的交易应该是从 22.25 元附近买入至第一次信号发出 40.05 元左右卖出。第二次卖出不在策略监测范围，破位反抽只是计划之外的事情，若侥幸在 43.61 元之上卖出那便是幸运。若没有及时卖出，受上升趋势线反压后的下跌将是快速的。当然这种意外没有人愿意看到。

因此，是不是熔断机制推出股价才会下跌，我认为不能把所有的过错都推给市场，投资者自身也要承担一部分责任。假如具备一定操作能力的话，那应该在熔断之前就卖出股票而不是在熔断后去找下跌的原因。

通过盘面观察及分析走势，即使没有熔断也会经历一次下跌，具体原因有以下六个方面：

1. 2850.71 点反弹开始，创业板个股反弹普遍超过一倍。

2. 3650 点高位横盘，连续三次触及但都未突破，说明上方承压较重，调整时间越久越不利于上涨。

3. 技术形态呈上升收敛型三角形，随着形态完成价格波动空间逐渐缩小，无论是怎样的突破都必然会出现方向性选择。

4. 模型指标和动能指标与指数出现顶部背离走势。

5. 成交量呈逐渐萎缩状态，与指数形成顶部背离。

6. 强势个股提前回落，并完成顶部形态。（如文中内容所示）

纵然未来看似美好，但以上六条分析结论势必会让先知先觉者发觉，逃离市场规避风险是最好的选择。作为职业操盘手，敏锐的嗅觉和洞察能力是不会让自己在空头市场中参与的，单边市场只有上升趋势才更容易赚到钱。假象中的博弈只能是一厢情愿，不能代表市场的意愿，所以请理性看待问题。

2638 点为何买入股票

技术分析鼻祖查尔斯·H. 道在其道氏理论三大公理中曾这样描述，历史会不断重演，但绝不是简单的重复。以此来告诉投资人市场走势存在重复运动的规律，以前、现在、未来都可能会出现相似的波动。2015 年 6 月之后可谓是将这一规律运用得淋漓尽致。在指数经历每一次大跌之前都有相似的见顶形态，就形态学分析而言三次下跌中都以三角形形态完成顶部。

也许是市场发展所需，也许是人性疯狂所导致，甚至是价格轮回形成的必然结果，等等。真实走势就是这样。如 8-21 图所示，5178.19点下跌之前形成的顶部形态和3684.57、3097.16点走势如出一辙，为什么会在相似的运动中多次失误呢？单从这一点讲，好像和熔不熔断都没有太大关系，技术形态走坏和当时场内资金流出是指数走弱的根本原因，熔断机制推出只是雪上加霜，促使指数快速下跌。因此，交易中没有常理性，只有真实性。

图 8-21　上证指数顶部形态

注解： 上证指数自 5178.19 点下跌以来，历次出现的顶部形态都以收敛性三角形形态完成。

曾经有人说，第一次犯错是不知道，第二次犯错是没看见，那么第三次犯错可能就是在故意。虽然有些片面，但事件的真实性已经表达了投资人内心的想法。

第一次，没有预见是市场狂热的购买欲望吞噬了参与者风险警示的想法，内心不愿意去接受现实或者没有机会出逃。

第二次，也许是预见了，但不相信还会出现如此大的跌幅。无论是职业还是专业投资者，在主观意识驱动下不认为这就是熊市的开始。

第三次，或许不再是故意，那可能就是无意。经历多次洗礼之后对顶部形成的过程已经麻木，涨跌似乎与自己没有太大关系，用平常心看待就是对现实运动的面对。

我想这是完全可以理解的，但肯定不是可行的。假如，能够提前做出判断并卖出，下降趋势中是有机会选择更好的股票的。如同当时避险之后所做的事情，指数进入大 C 浪期间，以下降小 5 浪的形式在运行，而个股的表现是在进行筑底，与大盘形成反向走势。在这一点上古井贡酒表现得尤为突出。在模型指标 KDJ 与 MACD 红柱变长的信号修复中，K 线形态也在慢慢完成底部形态，如 8-22 图中所示。

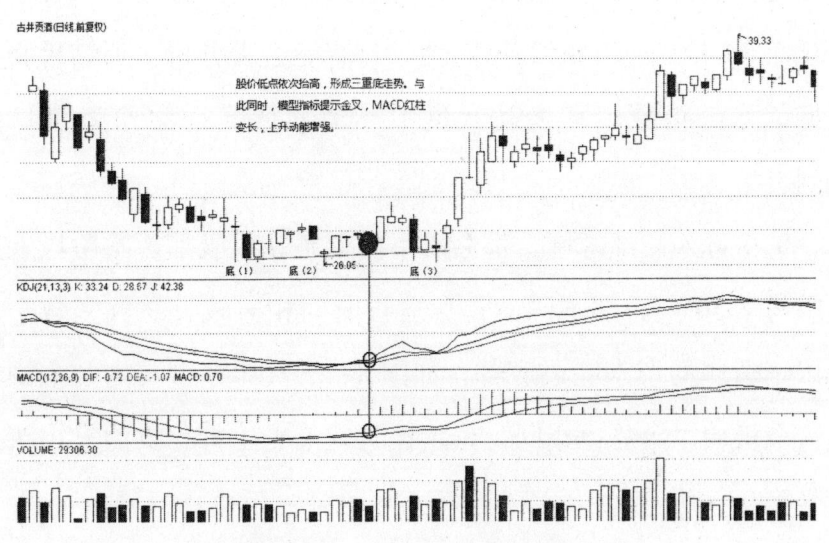

图 8-22　000596 古井贡酒

注解： 股价进入低点后依次出现三个相对低点，即（底1、底2、底3）在技术分析上被称为是三重底，在此区域有较强的支撑。

根据策略模型信号提示，于2016年2月19日买入古井贡酒，原因是该股在指数下降时提前止跌并构筑双底。之后，2月25日受市场利空影响当日出现6.93%的下跌，但盘中未见大资金流出，反而从14.46分开始出现大单买入，技术上当日K线正好收于三重底颈线之上，受到支撑。

信号提示为继续持有，股价还在风控标准之上，所以，没有卖出股票的理由。不过，后期涨势还是让人比较满意的，一直都在模型指标的跟踪范围之内运行，直至4月12日信号提示卖出，期间也有30%多的收益。简单理解，若缺乏分析能力，最好建立一套符合自己投资个性的交易系统。这样就可以排除以人性思维变化而影响到正确判断的可能性。若有能力去分析，那结果将会更好，无论指数怎样变化，盘中异动的情况都会通过盘口监测到。

价格进入底部区域，都会以不同形态完成吸筹。本阶段底部形态与2850点底部不同的是，运行时间相对较长，大多数个股都以三重底的形态完成底部，如图8-23贵州茅台与古井贡酒同属一个板块，走势也相同，只是在时间上先于古井贡酒发出买入信号。

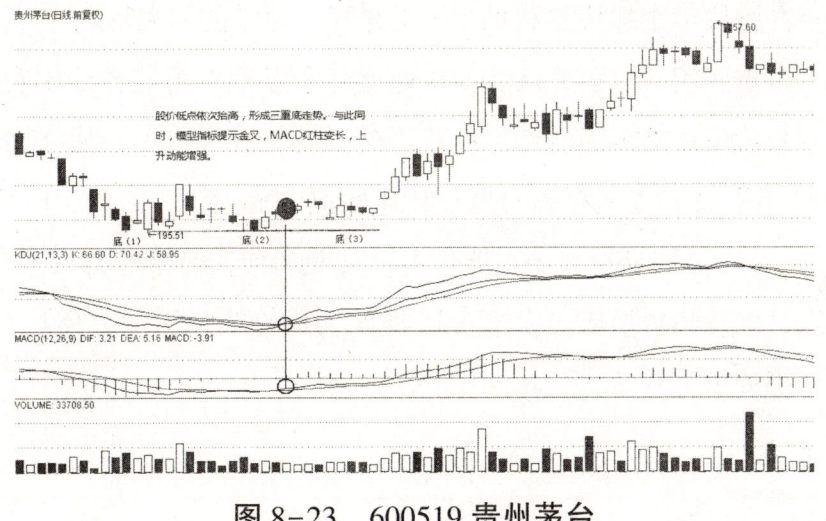

图 8-23　600519 贵州茅台

注解：股价进入底部区域并形成双底走势，策略模型指标发出买入信号。

贵州茅台于 2016 年 2 月 2 日发出信号提示买入，理由是股价完成底部形态出现上涨。之后，虽然有过短暂停牌，但 2 月 25 日复牌后低开高走，最低 199.60 元，收于底（1）、底（2）低点之上。

依据模型买卖股票的好处是，它会告诉你什么时间可以买入，什么时间需要卖出，在两者之间运行中没有明确提示之前，就可以继续持有。排除受情绪的干扰而做出错误的决定，底即是底，顶便是顶，信心不坚定者也会在信号的提示中有所改变。假如你不知道未来股价会上升到怎样位置，但可以在信号的提示下操作，避免赚钱就跑、亏损就持有现象的发生。如贵州茅台走势，买入信号发出以后，期间的日常波动都不会影响到持有股票，直至 2016 年 4 月 11 日卖出信号发出才结束交易。当然在主要上升阶段牢牢抓住盈利机会，也是模型策略的一大特点。

多重底构筑过程，低点与次低点基本保持平衡或者是依次抬高，是价格逐渐走强的标志，若不是如此，底部也不会成立。图8-24圣农发展底部形态为低点依次抬高，底（3）受底（1）和底（2）趋势线支撑，表示股价上升动能强劲，信号发出后买入。之后，确认趋势形成，未来价格将延续趋势线指引的方向运行，直至趋势发生转变。

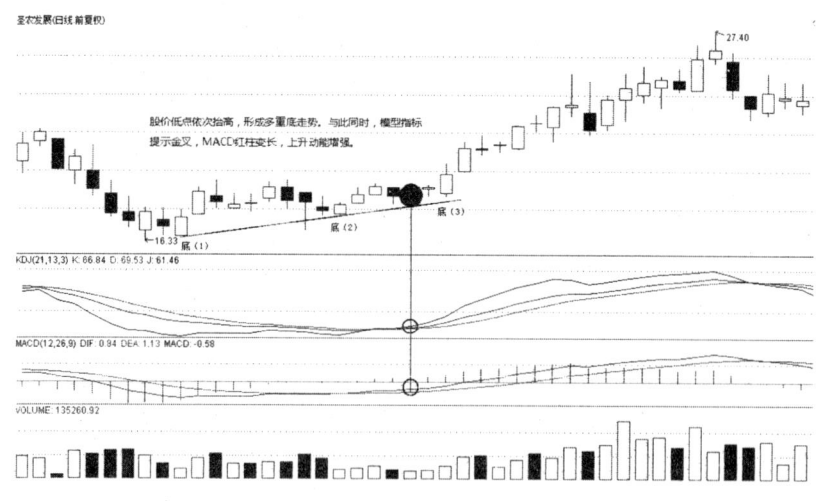

图 8-24　002299 圣农发展

注解：股价低点依次抬高，但策略模型未出现买入信号，仍有继续筑底的可能。为此，必须等到信号明确提示后再进行买入。

本章所讲内容为目前机构所使用的中性策略，业内人士称其"阿尔法策略"，主要用途是对未来价格运行方向提前做出描绘，并在延续过程中加以修正，直至方向发生转变。002299圣农发展在经历底（1）和底（2）低点逐渐抬高以后，通过底（3）最后确认并突破，向场外宣告筑底完成，趋势发生转变。买入让利润尽情地奔跑，现在启动只是一个开始。

小 结

总结现在，启迪未来。一场突如其来的股灾给资本市场炒家们敲响了警钟，俗话说，打铁还需自身硬。虽然，发展中市场会有诸多问题出现，不过长远来看一切都是向好的，暂时性的问题只会让发展信心更加坚定。然而，新问题的出现是对投资人能力的考验，应该在一个怎样的环境里健康有序地交易，而不是依赖于其他。

第一节：应对股灾时的实盘技巧 讲述股灾之前如何预见。更多的是人性贪婪弱点吞噬理性的判断，当市场发生变化时未能有新的认识，而是用以往经验来确认走势，假如这样，前行的道路就会停止，被动等待挨打总不是办法，主动出击才是选择。

第二节：股灾中的实盘交易技巧 讲述如何正确思考问题。当硝烟过后，谁将成为黑马是要遵循价格运动原理，在出现估值较低时通过技术手段来完成底部建仓和享受股价一飞冲天时带来的快感。也许现在你还未能有这样的体会，相信在努力后的某一天会感受到，对此我们没有疑虑，你一定会在潮水退去以后还能看到自己穿着泳裤。

第三节：防御暴跌前的操作技巧 讲述如何在大风大浪之后仍屹立不倒，并能在纷繁复杂的走势中找到生存机会。平衡被打破之后，还将寻找新的平衡，盘面个股的表现也会发生变化。虽然强弱转换已经成为常态，新的运动方式也不可小觑，熔断下跌与股灾之前的走势如出一辙，操作中本应该有所警醒，可是令人遗憾的是依旧呆若木鸡，参与其中。为此，即便2638点出现买入机会，也未能把握。

第9章
持续盈利的关键因素

静观天象,在天时、地利、人和同时具备的情况下"亮剑"

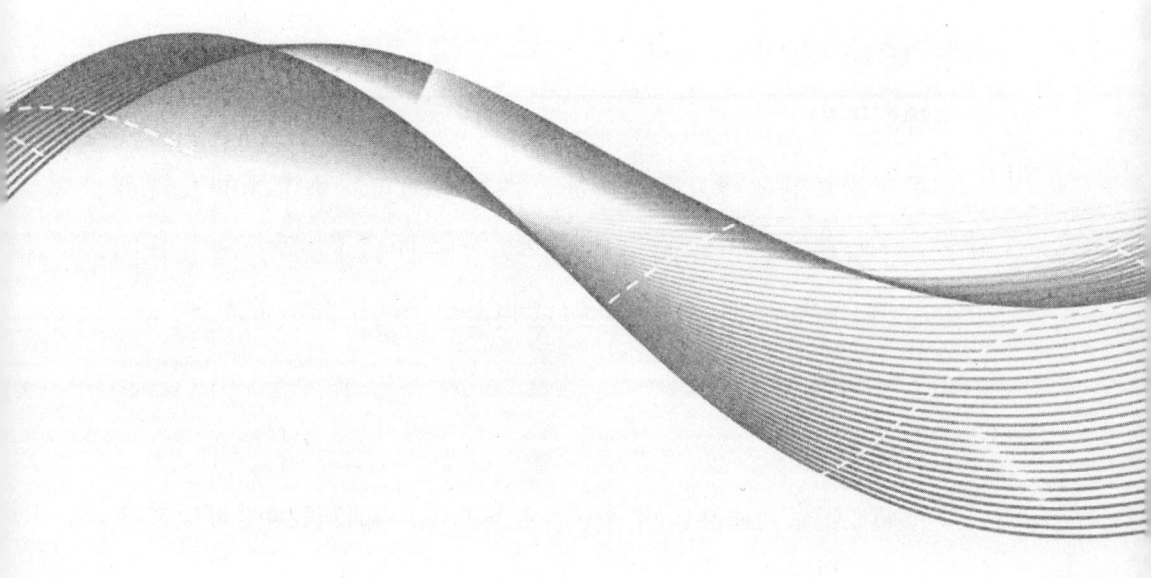

9.1 持续盈利的核心思想

这是一个技术活,既要了解飘忽不定的人性思维,也要有观天时、地利、人和变化的能力。就投资而言,无论是强势市场还是弱势市场,牛股总会不间断出现,然而,真实操作起来又似乎比较困难,那么这其中的原因是什么呢?

首先,我们要从指数的运动方向上来研判个股的走势。强势市场寻找牛股或者是骑上牛股通常都比较容易,因为大多数个股都会与市场保持一致。而到了弱势市场也许就不会这么容易了,原因是大多数个股随指数都在以下降的方式运行。即便有几只强势股出现,对交易者自身能力的要求也非常高。所以,怎样在市场走势变换中赚取收益将成为持续盈利的关键。下面我将通过三点来回答这个问题。

静观天象

了解指数的运行方向及特征,强势市场与弱势市场的表现都分为几个阶段,这里我们将其称之为"上四,下五",即上升四个阶段和下降五个阶段,要把握这些走势中的不同投资心理。

上升四段

忧郁期

徘徊在天堂与地狱之间。交投清淡的市场和忧郁的眼神反映了无数投资人心中充满苦水，此刻你会思考放弃还是继续参与其中，若放弃或是一种解脱，继续则可能是天堂也可能是地狱，总之，这种忧郁暂时不会停止。股票就是这样，在行情真正来临之前大多数参与者的心态基本是不健康的，原因是每天经历着主力的低吸、高抛或者是打压的洗礼，那种折磨不是一般人可以承受的。

所以，请适当调整好你的心态，当价格处在大的底部区域时，莫要让主力的阴谋得逞。也许乐观地看待后势会比紧盯当前走势的心态要好得多，此后它将会为你打开一条渐行渐明的道路。也正是因为底部反复洗盘主力才能将更多的廉价筹码控制在自己手里，以备后期拉升所用。

明朗期

经过多空双方在底部长时期争夺之后，空方的斗志也会慢慢被消化掉，而多方伺机低位买入的气氛又会越来越浓，相比指数下行时赚钱效率要容易很多。然而，盘面虽然还没有脱离"忧郁期"时的零乱，但机会逐渐增加。从职业投资者角度来说，指数未进入上升明朗期，是不会投入太多资金去参与交易的，他们很清楚股价在低位上下拉动时的那种情景，无论你有多大的智慧，决定权都不在自己手中。

因此，少量资金参与是可以的。你不该相信职业操盘手会在低位大规模建仓，甚至是与你的想法相同，并在股价下跌中以补仓的方式来降低持仓成本，这一定是自欺欺人的想法。事实上，他们更愿意把心思放在趋势明朗以后再进行全身心投入。

高潮期

价格在半信半疑中上涨，随着短期收益的增加和前期套牢盘的解放，多空买卖力量开始变得激烈起来，有人在上升初期获利出局，有人在解套回本后离场，也有长期看好后势者不断买进。总之，现在的市场已经进入一个交投高活跃时期，牛股轮番上升的场景日渐增多。

然而，专业与非专业的区别就在于：一个选择在相对低位卖出股票，而另一个是选择在相对低位持续买入股票。他们同属一个市场，只是对后势的看法各有不同。因此，命运的好坏都由自己的选择决定。

衰退期

高潮过后必然衰退。虽然我们渴望上升走势能够持续得久一点，再久一点，但终将会结束，不是吗？人性的过度贪婪注定是一场悲剧。半山腰卖出股票的结果是股价继续向上运行，越是不敢买入它涨得越凶，持续关注总有一天你会再买入，然而，这也许就是高潮之后的余香，有爱有恨让你难以割舍。

当绝大多数人认为价格还有继续上升的空间时，无论之前做不做股票都会想办法进来，也许他们是带着好奇心进来，也或许是为了寻找一个不太出力的投资渠道，也或许是因为其他。总之，在诱惑面前是不愿意压抑自己，并奉行一条利益优先的准则。

下降五段

怀疑期

市场走势已经出乎预料，根据经验回调买入是最好的交易策略。是的，这不是你一个人的想法，其他人也都会这么去想。那么，市场和最初的预判为什么会产生分歧？原因只有一个，市场本身没有错,错的一定是人。当然,在错误面前,人是不会轻易认错的,每个人都有神经错乱的时候,只是在股票交易中表现得更为突出一些。

因此,它将有诸多理由让你选择在高位接盘,这时脑海里你已经没有风险意识的存在了,所有的焦点都会聚集在买哪一只股票可以赚钱的问题上来。现实就是如此,当你买入以后价格很快就会朝你预想的相反方向运行。

默认期

市场不相信眼泪,更不相信补仓。相信价格在转势初期会受到支撑并继续朝上升方向运行是一件非常愚蠢的事情,虽然这一点常常会被一厢情愿者认可。但市场终究是市场,它不会因为你的买入而改变,沿着阻力薄弱的一方运动是自然走势。你应该知道,当先知先觉者离开市场,且获利机会越来越小时,将会进入一个怎样的投资环境。显然,作为职业人员借助指数反弹卖出股票是个必然的过程,那么此时,谁又会成为接盘侠掩护大资金撤退呢,我想唯有被冲昏头脑的死多头才会这样。

趋势破位,股票套牢,内心不愿意接受的事实已经形成。人的痛苦来自两个方面:一是得到了东西却是短暂的,二是留下来的却是最不愿意看到的。止损出局还是继续持有,止损可能随时反弹,持有存在下跌的风险,继续等待也许是最好的选择,因此,默认下跌将成为普遍现象。

无奈期

世上没有救世主,除了你自己。证券市场也一样,越是不想看到的,偏偏越会发生,股民最害怕的是买入股票之后朝相反的方向运行，可事实还就是这样，往往怕什么它就来什么。今天下跌、明天下跌、后天还在下跌，低点一天比一天低，需要面对的选择依然是卖出止损或是继续持有。可无奈的现实已经让人越发难做选择，亏损比例已经超出可控范围。如果卖出资金将会大幅缩水，如果不卖出只是账面的损失，股票数量并不改变。

是的，我非常能够理解一个被套者的心情，因为每一位成功者都是从这个过程走出来的。假如，你能改变这个习惯的话，我想它将是一件非常愉快的事情并从中找回你的自信。

低迷期

指数持续向下运行，多头策略难以施展，高位接盘的投资人也已步入被深套的地狱。而场外资金还在寻找进场的机会，只要市场还朝下降的方向运行，他们就会始终保持谨慎的态度。但对于大主力资金运作的长庄来说，为了提高股票的关注度，适当会在此期间进行少量的参与，不过在走势上表现出的也都是一些低吸高抛的小反弹而已。

那么，就这种现象分析，新的场外资金不能有序地进入市场，而场内的原有套牢筹码又不肯卖出的情况下，将会保持一种怎样的走势呢。也许缓慢下跌是最好的选择，我可以给你的忠告就是，当你还不能通过自己的能力来判断行情时，最好选择一个僻静的地方在那里静静地等待。

绝望期

这是交易中最难熬的时期，指数长时间在底部区域反复拉动，已经把投资人对投资股票仅有的一点希望给打磨掉了，当提到股票浑身都会不自在，回想这段经历真是让人心酸。是的，要说坚强，没有什么人的毅力可以与股民相提并论，他们内心承载的痛苦非场外人可以理解。

然而，真实的写照是当普通投资人内心几近崩溃时，离股市大底也就不远了。就如同人们描述的行情在"欢乐中死亡，绝望中产生"的一样，没错，这就是人性思维变化与价格走势的对照。请参阅9-1图。

静观天象：上升"四段"与下降"五段"循环图

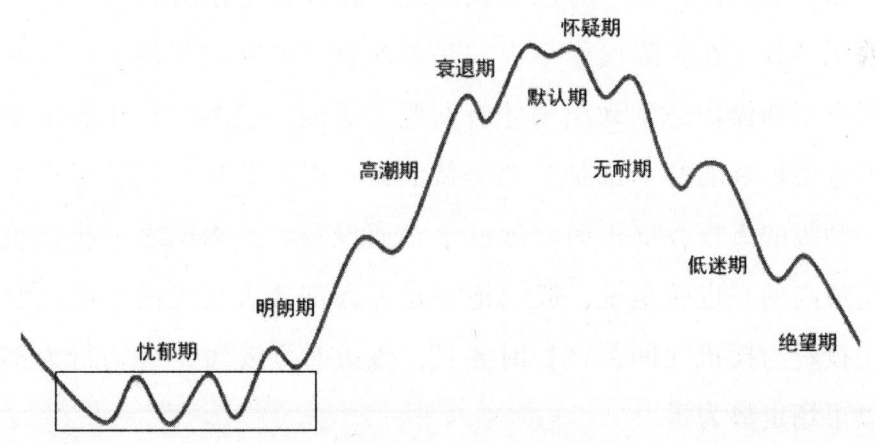

图 9-1 静观天象：上升"四段"与下降"五段"循环图
注解：静观天象：上升"四段"与下降"五段"循环图诠释了每个阶段投资人的参与心态和股价运行走势。

我知道这是一个令人非常着魔的游戏，虽然失败者占据多数，但总会想起它优点凸显时的那种场景，让人兴奋的是会通过各种表演来控制观众的大脑并与它做出反向的行为。

等待时机

控制好自己的情绪，虽然不容易办到但这是你必须努力修炼的功课。通常情况下小行情是等出来的，为什么会这样说？当价格走势进入下降轨道时，绝大多数时间都在下跌，而反弹的时间却很少。那么大行情又是怎么来的？我的观点是买出来的。理由很简单，当一波上升行情开始大多数人都不看好时，它是不会有像样的涨幅的，只有走出可以让人认为的上升行情才会持续。有一个很形象的比喻：会买的是徒弟，会卖的才是师傅。那么懂得等待时机的就一定可以称得上是大师级别的人物了。其实在实际操作中人们是不愿意去花时间等待的，认为只有不断操作或主动出击才有获胜的可能，岂不知，在股市中能够做得好的基本都是学会等待的人。根据统计，凡是称得上大师级的人物，操作频率远低于普通投资者，相比之下收益也是最高的。也就是说，股票绝不是天天都要去买卖的，而是鉴于投资与投机之间，该长时要长，该短时则要短，一切行为都以市场走势为重。

那么，等待中的机会将在何时产生呢？这是一个非常有哲理的问题。每天七嘴八舌讨论这类问题的人不计其数，看都看不过来，而结果却只有天知道。证券市场没有神，只有现实，任何装神弄鬼的行为都会随着时间推移被市场揭开真实面纱露出嘴脸。分析派的任务是美化市场，下跌中有支撑、上升中有压力这几乎已经成为他们的关键词。然而，这跟你的实际交易并没有太大关系。因为你只是你自己，代表不了别人，别人也没有试图想改变你的意思，请做回自己。跌的时间久了自然就会有人看空，涨的时间久了也会有人看多，也有大胆者是脱离现实妄谈新低或是新高，分析过后能被市场证实的却寥寥无几。

而市场的操盘手们又应该怎样在一个混乱的消息平台和真实交易面前做出决定呢？还记得我们之前所提到的内容，好的操盘手一定是个具有独立思考的人，且不会受到外界任何不良信息的干扰。在下单之前有一种能力是必须具备的，那就是驱离一切不良思想，无论他是什么人，只要是影响自己交易思路的都应该摒弃。

冲动是魔鬼，指数、股票都有时间和空间的转换，两点共振才会发生转变，跌下来容易涨上去难。能够称得上底的，绝不是一时半会就能完成的。长时期内心的折磨难以避免，过山车坐过了，高买低卖玩过了，看着行情无望了，赚钱机会也就要来了。所以，机会一定是在等待后出现的，不见明确转折信号誓不进场，这是原则。

扼住喉咙

等待时机，抓住黑马。天时、地利、人和缺一不可，市场给予机会为天时，股票调整到位是地利，在拉升前买入是人和，一切以实际走势为依据，始终做一名相马的伯乐。

那么，这又有什么技巧，怎样才能在黑马刚刚出栏时就发现并在即将上涨前买入呢？图9-2合肥城建，在天时、地利、人和的完美结合中清楚地讲述了它们之间的关系。

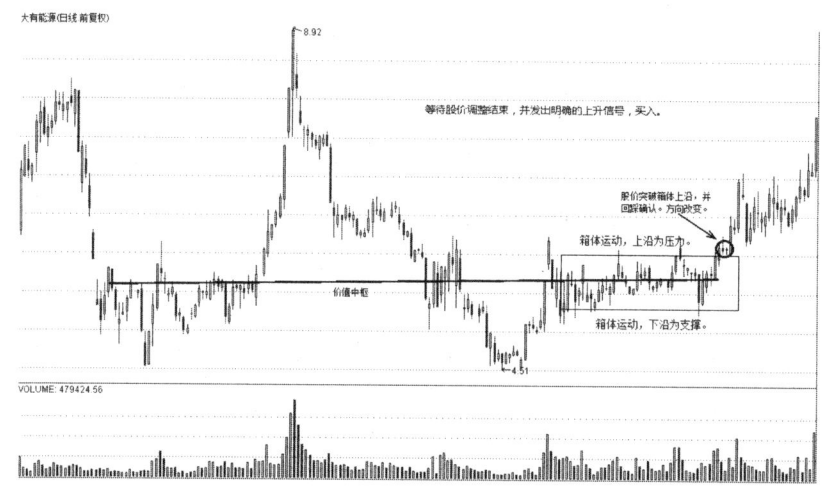

图 9-2　002208 合肥城建

注解： 当机会出现时毫不犹豫进场。反之，风险来临时也要果断逃离。

指数突破，股价先于指数启动，形态完成便可买入。这是扼住黑马喉咙的买入方法，不求招数多样，只求买入就涨。图中三波行情的把握，其共性与特征分别是：

第一波行情：合肥城建起于 2015 年 2 月 17 日，止于 2015 年 6 月 12 日，期间运行 74 个交易日，涨幅 253.49%。天时：上证指数于 2015 年 3 月 16 日突破上升整理平台。地利：合肥城建完成技术形态（底部收敛性三角形），发出买入信号，趋势向上运行。人和：股票先于指数上涨，并放量突破。

第二波行情：合肥城建起于 2015 年 10 月 9 日，止于 2015 年 12 月 23 日，期间运行 54 个交易日，涨幅 109.34%。天时：上证指数于 2015 年 10 月 12 日突破 2850.71 点整理平台高点。地利：股价回调受到上升趋势线支撑且完成技术形态（底部收敛性三角形)，发出买入信号，顺延上升趋势运行。人和：股票先于指数上涨，并放量突破。

第三波行情：合肥城建起于 2016 年 3 月 17 日，止于 2016 年 4 月 22 日，期间运行 26 个交易日，涨幅 92.91%。天时：上证指数于 2016 年 3 月 18 日突破 2638.30 点整理平台高点。地利：股价回调受到上升趋势线支撑且完成技术形态（底部收敛性三角形)，发出买入信号，延顺上升趋势运行。人和：股票先于指数上涨，并放量突破。

学会等待，每日忙碌追逐未必就能收到好的效果，价格轮回遵循自然，而等待时机扼住黑马的喉咙则是必然。天时、地利、人和三点共振定是机会，听从系统指令，在该出手时才出手，该休息时休息。重点参与大势，轻小势，而忽略无势是持续盈利的关键因素之一。

再者就是人性，心有多大，势就有多大，心中没有牛股又怎能抓住牛股？市场中经历过牛市投资的人都应该知道，卖掉的是牛股，而买进来的是弱势股，还在寻找的也许就是垃圾股。因此，需要注意的是对上述内容的理解。共同的特性是决定股价未来翻倍或者是翻几倍的要点，请记住，黑马一定是先于指数启动并配合某种形态的完成，突破就是拉升的开始。

9.2 持续盈利的交易手段

始终用积极乐观的心态去观察市场变化，走势低迷也许已经磨掉你的意志，但这绝不是阻止你赚取财富的借口。操作中买入后股票下跌，卖出后股票上涨的经历只能成为过去，虽然它已经在你的潜意识中占据了地位，可是我们的工作还将继续。

忘掉过去，把握未来。当然，更希望你能学以致用，我没有想改变你的操作，而是给你一个已经经历过无数次试验后的成功经验。也许在使用中通过努力，你会表现得更加优秀，这是我们共同向往的目标。因此，无论你之前经历了怎样的失败，请你保持一种积极向上的态度，未来的成功一定是属于有正确投资思想和技巧的交易者。

一招制胜

完成这项交易工作的重点是需要等待市场发出指令，黑马备选池中的股票在怎样的情况下会出现启动的迹象，其次是对入场点的确认。基于此，一旦机会来临便可买入，相比股价进入相对高位时重仓要安全得多。做盘与分析两者不同的地方就在于，一个是靠真枪实弹在市场中交易，另一个是靠说说写写，即使是错了也无妨，不会有资金损失。所以，你必须清楚，他人的观点只能用作参考而不是用作直接交易。

市场中虽然每天都有看似不错的股票在上涨，无论是牛市还是熊市，这一现象始终存在，毫无疑问。但这都不是最好的赚钱时机，就股票投资而言，唯有弱势尽头、强势开始之时才会出现赚大钱的机会。所以，通过准确研判后在趋势明朗时适当加大仓位，也许会成为最好的赚钱手段。如图9-3大有能源，面对指数弱势运行3097.16至2780.76点之间的下跌，而它则围绕价值中枢反复吸筹，并在启动之前进行箱体整理。

# 第9章
>>> 持续盈利的关键因素

那么，如何发现股票价格在还未走出来之前就会有一段上升幅度？

首先，需要确认指数与个股的运行方向，大有能源之所以后期能够出现涨停，很重要的原因在于，底部筹码的集中。信号提示：在经历箱体走势阶段时，低位出现大量买盘并围绕中枢地带反复运动，对此，除了大机构的高度控盘，散户是做不到这一点的。所以，如规则二"怎样从技术形态上看懂资金流向"所述，非常清楚地发现主力意图，逆势上涨与大盘形成明显的底部背离。

其次，是箱体整理期间进行低吸高抛，不断降低持仓成本，目的就是待市场机会来临时可以快速拉升。突破原有平台后股价进入新的上升区域，便是投资者的最佳买入时机。根据右侧交易原则，未来股价回调至原箱体上沿受到支撑后为买入信号，且持续次数越多代表未来上升时间越长。因此，当确定上涨无疑时重仓参与。

作为股票投资人，应该知道关键点的重要性，失去最佳买入机会，即便后期出现大涨，也是于事无补。

假设，错过低位重仓参与而将剩余资金在后期上升时的某个价位买入后果又会怎样？试想，当价格脱离有效技术判断之外，对未来股价的运行空间就会产生迷茫并失去获利的机会。如果做出在上升中的抢筹行为，那便会形成倒金字塔建仓，一旦出现回调将会把之前所有的利润吞掉，交易者也会变得浮躁不安，完全失去理智。

我想不应该有这样的事情发生，它不利于交易者的成长，更是操盘手们的大忌，即使认为具有很高的成功率，也不能在你的交易策略中出现，否则它会把你带到一个连自己都看不懂的境地。

图 9-3　600403 大有能源

注解： 在天时、地利、人和三者齐备的情况下适当选择重仓参与，并享受价格上升时带来的喜悦。

资金运作大小不同，但目的相同。主力控盘的目的是为了将来能在一个相对高点获利卖出，而散户的目的是能在主力拉升前提前买入，并享受主力拉升后带来的喜悦。

增仓信号

底部是个敏感度极强的字眼。因为人们都知道底部来临后对于参与者在市场中赚取收益的重要程度，如果能够发现并得到准确研判结论的肯定，那必将会在账户上增加收益，具体额度当然要和投入的资金成一定的比例关系。

应该想到，这不是你一个人的想法，客观上已经代表了所有参与者的想法。对于真正底部的到来，可以想象得出有多少人都在通过各种手段去确认，这就好比大多数人都在预测一件事情，那就是当买入某只股票后，未来股价在怎样的位置上见顶的道理是一样的。

伺机加仓的信号通常只对一部分特定人群发出。市场是公平的，勤劳者总是那么幸运，可以提前捕捉到股价即将上涨的信息。无论好坏，股票的存在就是价格的轮回演绎，上升、下降或是转势时出现的横盘。想要在股价开始上升之前买入，首先要对底部完成做出确认，即是由下降转为横盘后的再一次向上突破。如此，才能肯定原有趋势已经改变，新的趋势即将诞生，或是回调，或是形态完成确立都会成为加仓的信号。例如图9-4合纵科技在底部形态完成之前，任何时间进去都是徒劳的。

欲速则不达，在操作中指的就是这个期间：看似价格在相对底部运行，但一天没有得到确认，都不能形成。也许是在明日，也许是在下周，也许时间会更长，所以真实的底部一定是在股价突破形态完成之前才会到来。对此，不同形态底部形成之后，逢低批次增仓是对未来股价上升的肯定，然而这一点并不像我们想象中的那样，会直线上升。前文已经提到，极具智慧的主力会以怎样的理由来说服自己在指数还未确定进入底部时就将个股拉升呢？

经验告诉我,这种成立的可能性概率极低。拉升必是在合适的时间模式下开始,就如合纵科技一样,令人佩服的是当指数回调时,它的表现则是逆势运行,突破横向平台。弱势市场中箱体整理的好处,对主力而言是利大于弊的,所能达到的目的是:

1. 通过快拉、慢调的手段来提高市场关注度。

2. 就操盘手来说,低吸高抛,反复操作可以了解做多筹码的做盘情况以及降低持仓成本;时机一旦成熟便会快速拉升(见图表回踩受支撑突破),这就是加仓的意义。

可以感觉到的是,此时账户上已有浮盈并证明所作出的判读与价格走势是相符的,不断增仓是最好的选择。

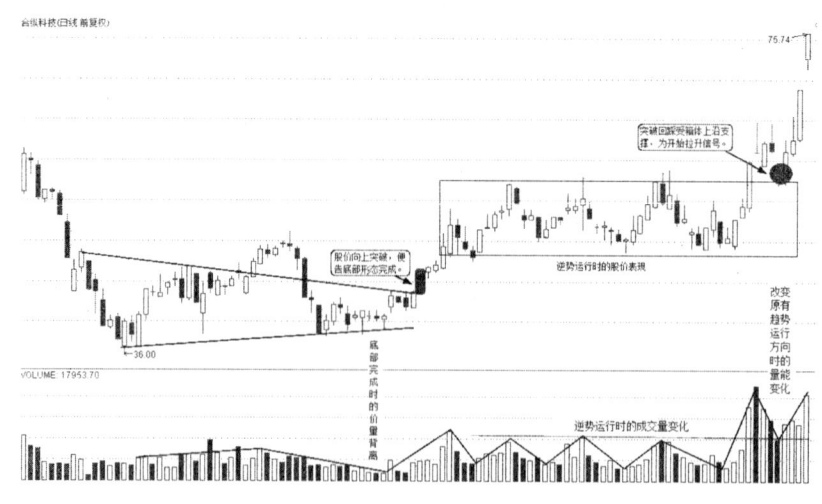

图 9-3　300477 合纵科技

注解:在增仓信号出现时买入,遵循操作规则,也许你会放弃一些看似唾手可得的利润,但正确的交易可以让你在市场中长期生存下去。

第9章
持续盈利的关键因素

认清走势，百变不离其宗。决定未来股价持续上升的核心是买入资金的不断涌入，就横向整理期间，价量配合堪称完美，快涨慢调已是强势运行的主基调，无论是个股还是指数都值得肯定。价格上升，量能放大，价格下降，量能萎缩，价格突破，量能增加，如此手法已属善良之举。

严格意义上讲，突破是最好的转折点。如果非要把横盘时的价格波动算上的话，那恐怕很难有对拉升时机的把握，也许，浮躁的心理早已经在震荡中出局了。

切记，当底部还未确立，上升还未形成以前，股价变数还是存在很大可能的。因此，增仓必须选择在突破调整平台之后，且一定是在原有持仓筹码出现浮盈的情况下去完成。除此之外，已经没有更好的理由去买入它了，就让你的利润从现在开始随着股价的运动方向一起奔跑吧！相信，在不久的将来它一定还会回来，更多后知后觉者还在寻找入场的机会，市场交投气氛已经开始进入高潮，虽然末班车对时间的把控较为严格，但最后的疯狂还是会出现的。

最后买入

个股也好指数也罢，临近顶部时期，通常是最为疯狂的阶段。你无法用正常人的思维去看待股价的波动，不理性的投资风格已经完全改变了应有的运行轨道，一旦偏离值过高，未来的风险值就会越大。有人赚钱就必然有人赔钱，这是规律，也就是说在多数人没有获利之前还有最后一次买入的机会，乘坐末班车要视个人情况和喜好而定，虽然这不是我提倡的交易行为，但能有这样的机会把握我也不反对，况且还是在账面利润大幅增加之后。

若没有再次增仓的习惯，那在股价二次向上突破后就要考虑将底仓逐渐卖出，以达到落袋为安的目的。需要证实的是上涨速度越快，卖出的份额就要越重，例如图9-5北大荒。若有增仓，突破整理平台后股价出现滞涨，就是最好的卖出信号，莫要妄想还有新高，红盘卖出已是最佳选择。

600598北大荒是一个非常好的案例，从主力底部建仓到拉升，然后再从整理进入主升浪，以及到最后的拉高出货，将价格运动背后的运作思想暴露无遗。

希望你沉睡的时间不要太久，再好的股票也都会有上涨的期限，临近顶部就要学会避而远之。疯狂背后影藏的多少阴谋与无知，也许无处查证，但可以确信的是疯狂一定是有原因的，不是无知者太多就是阴谋即将得逞，坐视不理显然不是明智的选择。所以，聪明的操盘手一般都会选择在最后拉升时卖出股票，当然，现实操作中所遇到的高位滞涨或者是量价背离甚至是走出带有较长上影线的K线，这一定是在出货。

然而，普通投资者总是事与愿违。虽然是在乘坐末班车，但只会上车不会下车的毛病始终改变不了，用耳朵炒股的习惯已经成为事实，内心极度疯狂哪还顾得上考虑其他。因此，市场中的接盘者往往是由这些善良又可爱的朋友来充当主角，并上演一幕"接盘侠"的精彩大片。

第9章
>>> 持续盈利的关键因素

图 9-5　600598 北大荒

注解：重趋势，轻价格。趋势一旦形成就不会在短时间内结束。运动中反复整理、突破、是价格持续的主要因素，严格执行交易策略，便可大获全胜。

市场没有太多新鲜事，只要参与其中，迟早都会预见，就如我预见的一样。幸运的是努力让我提前感知到了价格的变化并做出决定，才有了后面所经历的一些事情。

小　结

持续盈利的关键因素从两个方面论述，将交易中还可能出现的一些问题通过真实的交易案例来进行解答。不仅还原了当初的投资经历，也在总结的过程中掌握其中的要点，为以后走向成功交易奠定了很好的基础。

第一节：持续盈利的核心思想　　讲述了把握牛股的方法，在天时、地利、人和三者齐备的情况下买入股票的成功率会更有保障，然而，当条件未能满足时要学会耐心等待。只有在机会来临时出击才能扼住黑马的喉咙并一举将其擒获。

第二节：持续盈利的交易手段　　讲述了如何在牛股启动前一招制胜，重仓参与，而不是错失最佳入场时机。在价格向上运行的过程中抢筹，出现倒金字塔的建仓行为。正确的操作应该是在增仓信号发出后进行，虽然，你会错过一些看似唾手可得的利润，但正确的交易可以让你在市场中长期生存下去。

按照规则进行交易，你会变得越来越优秀。也许这种优秀连你自己都不敢相信，可它一定还是会出现的。

第10章
揭秘大操盘手实战技法

乐观自信,才能笑对交易险境。

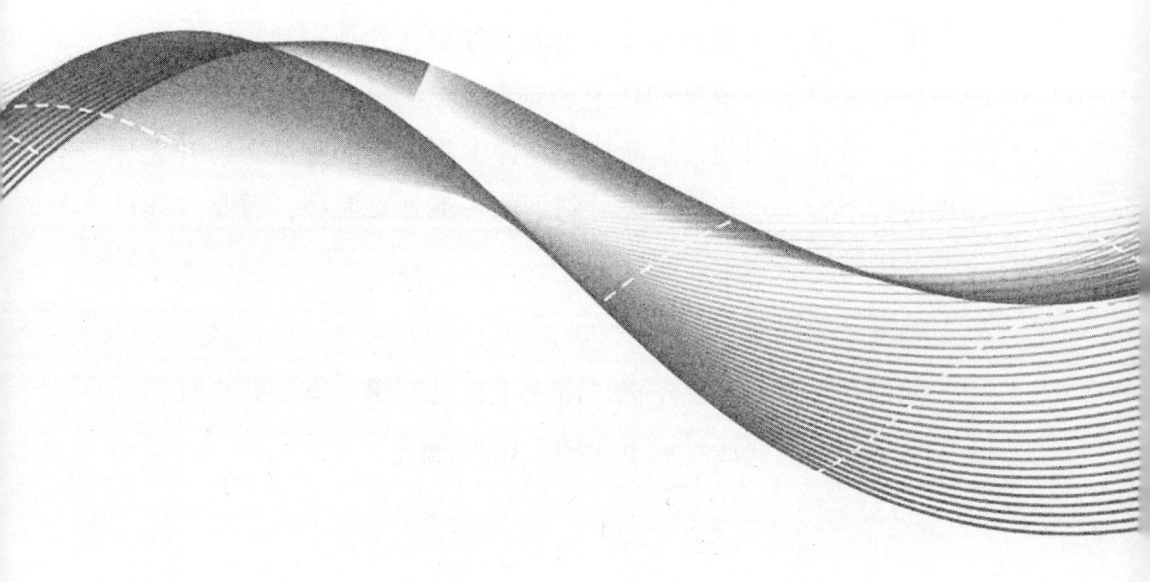

10.1 截断亏损

大操盘手是一个神秘而又神圣的工作职位,现实中投资人试图通过各种渠道去结识他们,并从他们那里学习各种赚钱的方法。的确,在市场中这是最简单直接的赚钱方法,无论从专业、技术还是资金上他们都占有优势,不过操作步骤却大相径庭,调研、选择是必不可少的流程。

对此,技术上书中多处章节都反复提到并针对不同市场的选股、操作给出了答案,然而,这也不能保证可以解决投资人所有问题。其原因是:市场总是向前运行的,就当下而论,时代的变革正朝着一个全新的领域健康发展,任何历史性招数都有可能被现代科学所替代,比如,从最初的柜台式交易,到主观交易,到量化交易,以及到现在提出的人工智能。

虽然,已经非常努力并寻找出一种赚钱的规律和规则,但丝毫不敢放松对创新市场的研究,这是一门学问,更是一种艺术,始终令人着迷。因此,不断学习和探索将成为一种常态,并无休止地持续下去。现在就把最后剩下的一点外衣脱掉,看是否能够参透其中的缘由就全靠悟性了。

选择交易对象

如何在数千只股票中选择出属于自己的哪一类,并在其运动中发现机会,需要通过以下几项工作来完成。

对股票备选池的认识

这项工作不仅要做，而且要日复一日地去做。我知道你不可能进行长时间短线交易，如果是这样的话，除了劳而无功之外也许再也不能从中得到什么了。所以，你要弄清一个事实，选股并不仅仅是为了买入，还有另一层含义，那就是提升自己在市场观察中的敏感度，对于普通投资人来说基本都不具有这个能力。

简单来说，就是能够在市场大底或者大顶来临之前嗅出味道，并通过专业知识分析以后，在合理的位置运用正确的交易策略。

例如，第八章"战胜股灾的实盘技巧"内容所示，股灾发生之前如何提前预见是对一名操盘手综合能力的考验，而非单纯的技术。事实证明，每当市场出现大的转折之前，背后总有一种潜在的力量在提醒你做出决定，有时候甚至会非常强烈，强烈到夜里难以入睡，辗转反侧，直到事件发生以后才能平静，每个人都有，只是在欲望强烈的程度上会有差别而已。

除此之外，当市场机会出现，股票备选池中的个股就会跃跃欲试，提前发出买入信号，为此，你会敏感地捕捉到，因为它们正朝着一个健康有序的方向前行，所要做的就是寻找合适的入场点开始建仓。

客观上，行业、概念是否是观察的对象，个人认为，不完全是。股票市场没有新鲜事，因人而异，一切按照自己的习惯去做，坚持下来就是规则。平日里习惯怎样分析、操作，就怎样进行，没必要刻意去套用他人的经验，除非可以融会贯通，否则就不会有太多价值。切记，市场中你只是你，代表不了别人，别人也代表不了你，想要赚取更多财富，唯有让自己变得勤劳，用心去了解每一只股票的特性，方能在将来出现意想不到的惊喜。

为什么要建立股票池

假如你是有智慧的,在某些方面一定还有潜能没有挖掘出来,最起码在你所热爱的事业还未成功之前是这样。市场有时运行激进,有时运动缓慢,有时狂躁不安,种种迹象都会在走势中表现出来。当然,这都和人性有关,在行情来临之前,平常将符合自身喜好和具有某种形态的股票放入池中,待机会到来时便不会无股可买。

周而复始,不断更替,强中自有强中强。优胜劣汰,赶超指数,在条件满足后买入。如图10—1中金黄金在走势中的表现,宽幅调整,并在突破压力线后回踩确认,主观上分析,未来上升空间还有与调整期间等同的高度,属于预测范畴。就操作策略而论有两点:

1. 调整中的买卖策略。

2. 突破压力线,回踩得到确认后,打开上升空间的操作策略。

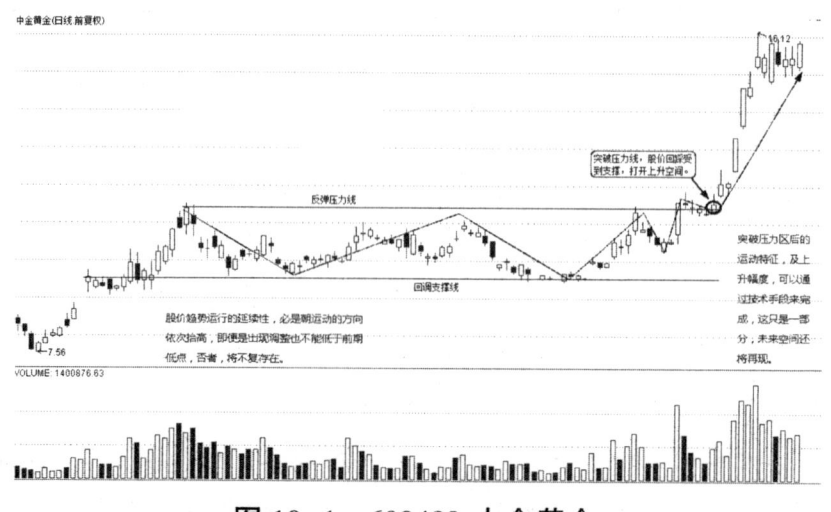

图10-1　600489 中金黄金

注解：股价趋势的延续性，必是朝运动的方向依次抬高，即便是出现调整也不能低于前期低点，否则将不复存在。

调整中的买卖策略。股价经历第一阶段上升以后，受到外界因素的压制而不能继续前行就会出现调整，然而，调整中的方式通常以某种形态来完成，这是健康的走势。假如，向下幅度过大并跌破回调支撑线，也不可能有后期涨势的出现。所以，当回落至前期低点并受到支撑，便会出现买点，待反弹至前期高点受到压力时出现卖点。若未改变，依旧采用同样的策略。

其次，是突破压力线，证明原有的调整即将结束，新的上升空间将要打开，待完成回踩确认后便会启动。因此，原有的压力线，此时就会转变成未来股价运动的支撑点，直至新的支撑出现。否则，支撑线也会变成止损线，另外，回踩后的确认将成为最有价值的买点，也是相对安全的位置。

建立股票备选池后会有怎样效果

精挑细选，黑马白马赶进池，一旦机会来临，将变得不再安宁，向上突破或是提高换手，"引擎打开涡轮推，黑马扼喉骑暴牛"指的就是这个时期。如图10-2亿纬锂能在2015年5月30日发出买入信号，价格突破上升三角形整理平台后，回踩至支撑线确认。与此同时，模型指标KDJ和MACD都出现金叉，预示新一轮上升即将开始。随后，在5个交易日内上涨34.46%。

也许，对于普通投资人来说，这是遥不可及的事情，但对于操盘手来说这是操作中执行策略的一个环节，在合适的时间做着正确的事，重点是对关键点的把握，能够知道股价何时启动并采取相应的手段,当行情来临时不错过机会。

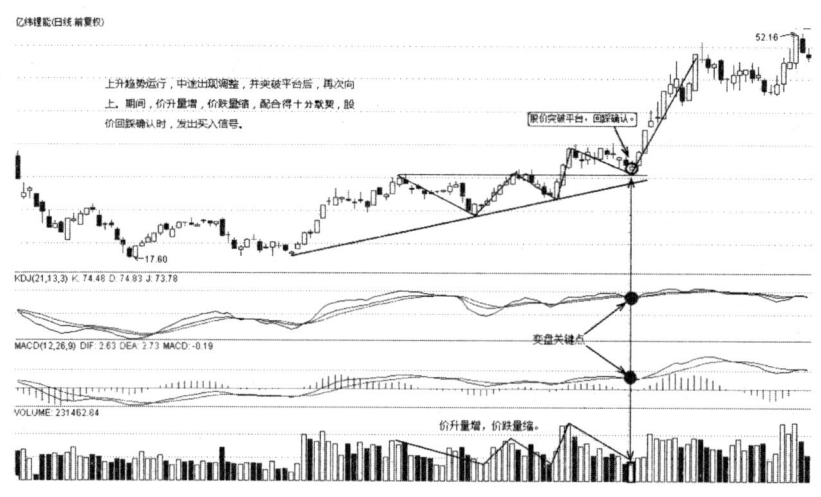

图 10-2　300014 亿纬锂能

注解:价格运行量能有序配合,调整结束并确认后是最好的买入点。

根据实盘案例分析,当股价进入上升趋势运行时,买点的把握难度通常要高于底部区域的买入,如果不能得到正确的研判,有可能会买在短期头部。看着挺好,但买入之后就开始调整,这是上升中最苦恼的事情。因此,请务必掌握这门技术,在时间与空间运行到交汇点,启动时买入,就如图中所标示的那样。

选择交易模型

即将进入严肃问题探讨的时刻,选择交易模型就是对症下药,通过股价现有的波动规律找出符合其特征的操作方法。就走势而言，传统的分析方法会将趋势分为两种，即上升趋势和下降趋势。然而，真实的操盘术只对上涨感兴趣，因此，上升趋势中会表现出两种不同的现象，也是决定投资成功的重要依据。

两种走势：缓慢上升与折返摆动上升。

简而言之，股票在上升趋势运行中分为两种走势，一种是稳健缓慢攀升，上升速度慢，持续时间长，但会保持独有的特性，无论是市场处在强势还是弱势当中，它都会以自己的风格运行。另一种是，在震荡中折返运行，或是成通道，或是各种形态延续，总之，不会轻易让普通投资者轻松参与。因此，在赚取收益时要投其所好，根据股性采用交易策略。这对于主力来说并非难事，不同市场下的策略模型经过反复实践后，已经表现得游刃有余。而作为散户就要多加注意，并找到对应的方法。

多种形态：只要持续就不会是单一的运行。

再坚定的信心都有被谎言摧毁的时候，只要你还认为它一如既往地进行。形态百变是价值的存在，或许是头肩底，或许是N字形走势，或许是三角形整理，也或许是矩形调整……

总之，价格持续向上绝不是单一形态的运行，拉升，调整，再拉升，再调整，循环往复，才能持续。例如图10-3和而泰，自底部起，演绎过程中以不同形态推进，每经历一次调整，后期股价就会向上持续一段时间，直到上升动能减弱，才改变方向。

因此，虽然仍对其抱有信心，但在谎言一次次被拆穿后人们更相信运动的真理。价格轮回是自然运行形成的规律，若上升结束，即将迎接的必是下降，这一点毫无疑问。

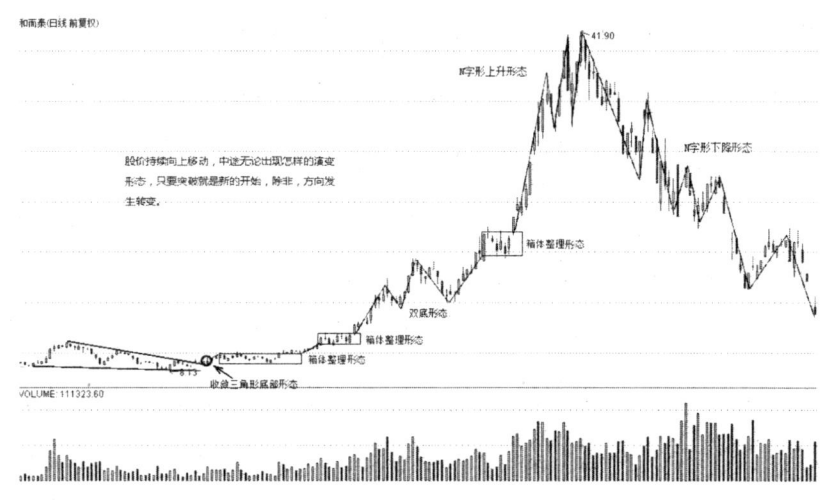

图 10-3 002402 和而泰

注解：股价持续向上移动，中途无论出现怎样的演变，只要突破就是新的开始，除非方向发生转变。

技术上，根本不存在价格高低之说，只要是满足某个阶段的买入条件便可以采取相应的手段。就和而泰为例，有几个买入信号的出现：

1. 底部收敛性三角形形态完成。

2. 改变趋势运行方向后的初级阶段，呈箱体运动并在突破后回踩确认。

3. 突破底部三角形形态创出新高后，向下回踩时出现箱体调整，并在突破后回踩确认。

4. 趋势运行中的 W 底，即双底支撑。

5. W 底形态完成后出现箱体调整，向上突破时进入加速时期。

涨跌速率：在趋势运行中如何辨别主力的真实意图。

彪悍的主力犹如草原上的疯牛野马。调整时间短，拉升速度快，连续性大涨会让投资人扼腕叹息，追之不敢，避之惋惜。然而，在这里有两点需要提醒：

1. 强势市场中强者恒强，越不敢买越会上涨，这是特性，对此，操作上要敢于买入。

2. 弱势市场强者也会变为弱者，短期拉高必要出逃，所以，操作上要学会观望。

稳健速率。

传说中的长庄股，一般都保持自己的风格，涨跌稳中求进，不冒进也不避险。例如图 10-4 数字政通，自底部趋势转变以后，价格呈稳步向上推进，期间虽有下跌，但都是阴阳交错缓缓而行。

技术上用一条 20 日均线跟踪，每当出现向下回调并至均线支撑后买入，低点依次抬高且股价都有均线结伴而行，最终至 2015 年 5 月 22 日完成 403.59% 的涨幅。

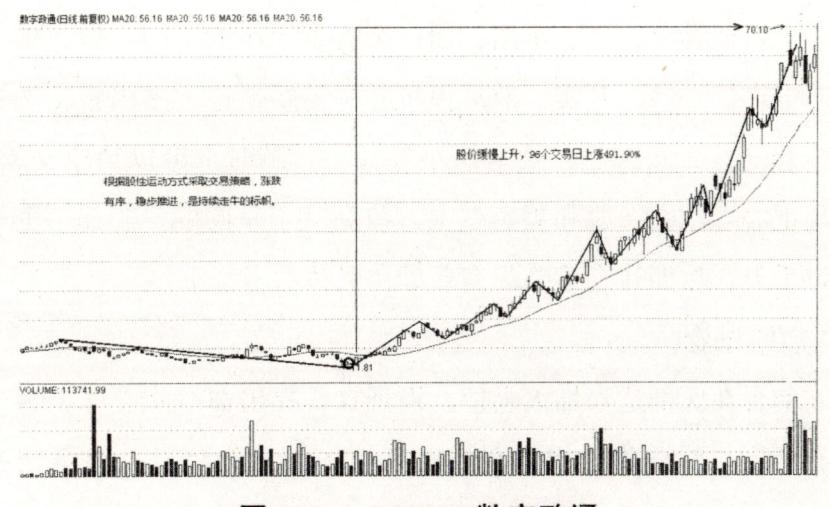

图 10-4　300075 数字政通

注解： 根据股票运动特性，采用相应的交易策略。

所以，策略的制定应该根据股性来决定。比如说，有形成慢牛走势的特点，有形成区间宽幅震荡运行的，有大起大落激进走势的，等等。

总之，最好的分析方法是符合股性运动规律。假如，将数字政通和和而泰同时操作的话，在操作上也要有所改变。虽然，都有不错的涨幅，但在形式上略显不同。一种是缓慢推进，不断增强；另一种是在上升期间通过各种形态的变化达到洗盘的目的，并在中途完成 W 底以后开始加速，显然，手段更为激进一些。为此，从另一个角度来讲，这和主力建仓有一定的关系，资金实力雄厚当然用不着玩太多把戏，走势上也相对平稳。若资金实力单薄，便会表现激进，走势上蹿下跳也在所难免。

资金使用策略

对于探索主力建仓这个问题，好像从未停止。记得之前已有论述，看似神秘，其实不然，因资金管理大小的不同，做起事来相对会谨慎一些。其实，散户投机并不需要考虑太多因素，毕竟资金有限，简而言之，就是船小好掉头，随时都可以结束交易，只要把心思用在选股和买卖点上，盈利就不是问题。假如，资金超过千万，按照建仓策略尚有益处，具体参考如下。

20%试仓

前者在底部适当加大仓位，而现在又提出 20%试仓，前后似乎有矛盾。对此将给出解释，底部适当加大仓位是针对散户投机，而资金使用策略是针对资金数额庞大的个人和团体战略上的补充。从实战角度出发，把投资风险控制放在首位是交易的重要组成部分，假如本金丢失，又何谈赚钱。因此，当你进入这个行当就应该截断亏损，这是投资市场中的名言。

截断亏损，让利润奔跑。股市里没有百分之百的事情，它只是一种概率，不确定性随时存在，用20%的资金试仓是较为科学的。假如这部分资金买入以后很快就见到收益，那么证明你的判断是正确的。反之，账面出现浮亏说明市场还没有到达理想状态，依然需要等待。所以，请记住我说的话，不要在出现亏损时试图通过补仓来挽回损失，这就好比在熊市里抓涨停一样困难。

40%增仓

也许你会存在疑虑，假如按照试仓资金以10元价格买入一只股票，等它涨到10.50元或者更高价位再增仓的话啊，与之前价格相比不是会高出很多吗？没错，理论上是这样。实际操作中，如果在10元的位置仓位过重，一旦出现回调将会影响到最初的判断，对截断亏损也并无益处。

增仓是在账面出现浮盈的情况下进行的，也就是一只股票从底部开始逐渐向上运行时出现关键点的二次增仓，并在原有的筹码上增加两倍。相信，根据你的判断这只是上升的开始，接下来还一定有空间。假如，试仓资金失败，根据交易规则便可止损，无论比例有多大都不会在操作中增加负担。

市场里的钱不可能一次就赚完，活着最重要。所以，在策略上要建立一个让自己可以睡得着的仓位，并随着运动的方向不断扩大受益，而不是一口气吃成胖子。

20%加仓

经过前面两次分批建仓，目前账面上已经有了不错的收益，用专业的话来讲，安全垫资金正在持续增加，操作一切顺利。对此，寻找机会再提高20%的仓位，这是对趋势上升最佳有效的判断。市场正朝着健康的方向发展，持股待涨放大利润是当下要做的事情。

没有哪一种结论是轻而易举得出的，要想人前显贵，必须背后受罪。至此资金仓位已到80%，依旧没有满仓，那么，还有20%的资金应该怎样操作，在这套策略中始终不会满仓，从头至尾，都在合理安排，目的是可以将这份事业进行到底。

10.2 战胜市场的操盘技法

当市场正在按照预期方向运动时，应该采取怎样的交易策略，自然走势的延续性，揭示出其中的奥秘。曾经有人发现，在股票市场中历史价格会不断重演，或是发生在顶部，或是发生在底部，不仅如此，板块和个股也有类似的情况。为此，经过长时间跟踪和分析可以得出以下结论。

历史会重演

每当指数在下降或是上升趋势中都出现类似的顶部和底部特征，人们把这种现象视为分析依据。例如10-5图，自2015年6月12日5178.19点至2016年5月26日2780.76点，期间在下降趋势运行中出现的三次高点如出一辙，重演三角形走势之后都有不同程度的下跌。为此，这又能说明什么呢？历史走势的相似性已经作为研判方向的标准，技术上更能贴近交易并在形态完成后做出决定。

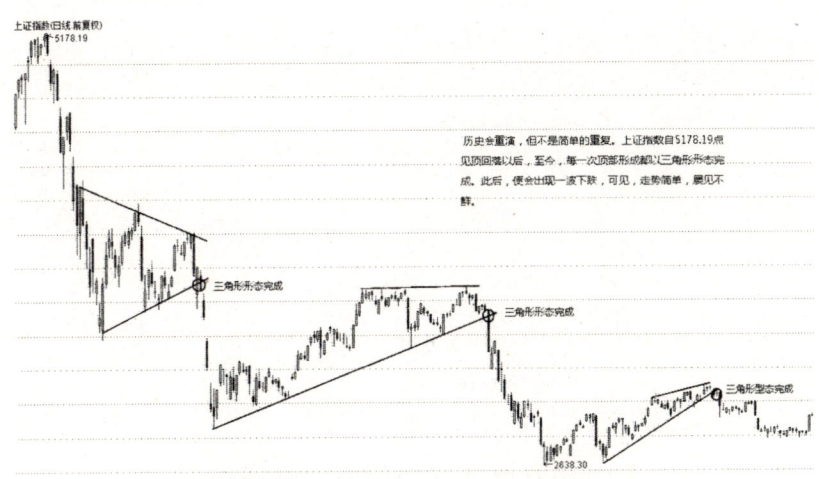

图 10-5　上证指数下降重演图

注解： 历史会不断重演，而不是简单的重复。上证指数自5178.19点见顶以来所经历的三次头部，都以相似的形态完成。

大趋势向下移动，次级反弹也是常有的事。就图中所示，自5178点下来以后出现的第一次反弹是3373.54至4184.45点，第二次反弹是2850.71至3684.57点，第三次反弹是2638.30至3097.16点，之后便发生趋势转折。

然而，历史走势的相似性总是这么神奇，曾经发生的现在正在发生，还未发生的未来将会发生。对此，技术派人士也是深信不疑，无须去追究所发生的原因，而是通过某种规律，在某种走势中观察可能形成的某种形态。事后来看它的准确率令人惊讶。

下降如此，上升也是如此。只可能是因趋势运行方向的不同，上涨过程中每突破一次都是新的开始，例如 10-6 图所示。

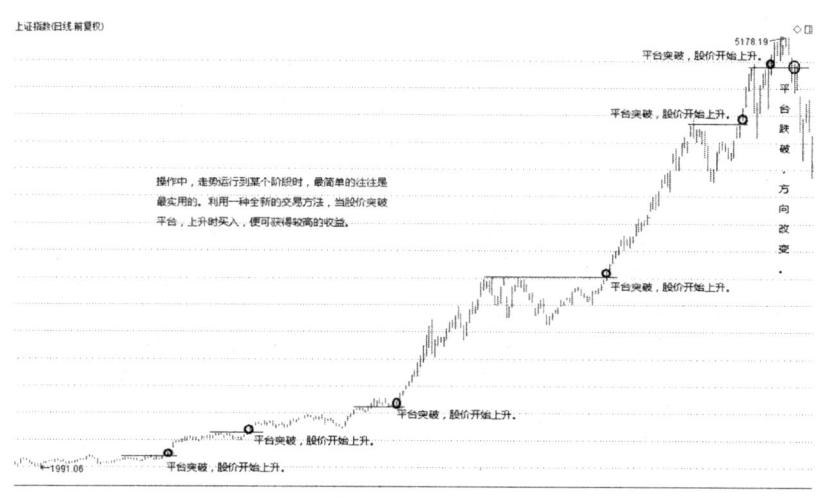

图 10-6　上证指数历史上升重演图

注解：用一种简单而实用的方法完成买入，即价格突破平台开始
　　　　上升，便为买点。

客观上我们不需要知道它未来会涨到什么价位，而是需要观察市场赚钱效应的持续性。简单来说，指数上升并不能代表参与者都能有所收获，板块轮动，周期循环，什么才是重点？就实际操作，当每一次突破时都会有新的热点出现，或是权重，或是概念。

强者恒强

基于对利润最大化考虑，热点切换和强势股，通常都是职业投资人所关注的对象。例如，2014 年 11 月 17 日沪港通开通，利好证券板块，然而，在消息未发布之前就有个股提前开启上升模式，光大证券担任先锋，于 2014 年 10 月 28 日突破整理平台上涨，是形成强势股的重要标识。其次，消息公布以后借利好之势快速拉升，在短短 13 个交易日内完成 125.37% 的涨幅，是同期板块中的佼佼者。

那么，经过分析股价在底部区域呈横向运动走势，成交量与价格配合有序，保持价增量增、价缩量缩的运行形式。此后，所不同的是突破横向运动平台并回踩确认在量能方面较前期有明显放大，关键点成立，开始启动。

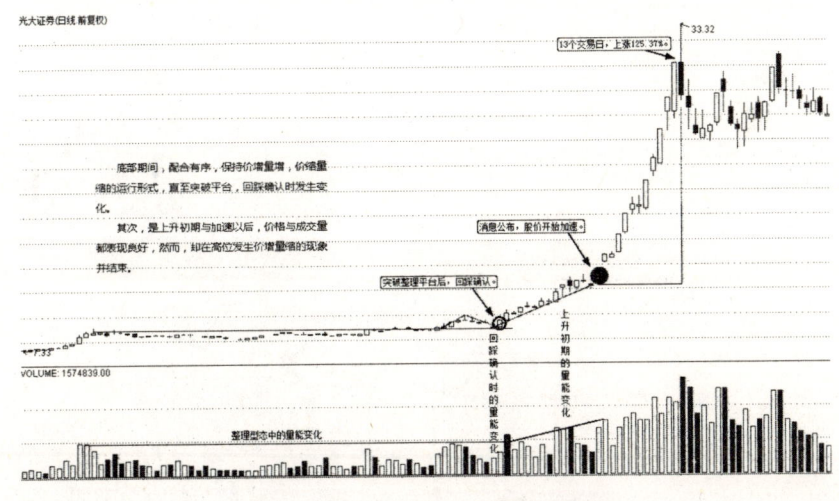

图 10-7　601788 光大证券

注解：底部区间价量配合有序，并在突破整理平台后向下回踩确认，再次上涨时放量，成为后期上升的引擎，推动股价持续上升。

技术上满足强者恒强股票的筑底特征，没有利好则稳步向上攀升，利好出现则加快上升速度。板块方面也是如影随形，否则怎么可能突破平台进入上升趋势？消息随市场运动的方向进行投放，自始至终都没有改变过。

再者，与光大证券相似的还有招商证券，走势上大相径庭，都在加速之前有过不小的涨幅。换句话说，强势股都是有共同特性的，使用大操盘手股市稳赚技法更重要的一点是可以有针对性地将股票区分开，并在满足某个条件时采取交易手段。例如，图10-8招商证券，在底部呈箱体震荡运行，量能方面也是配合有序，稳中有进。有所不同的是，突破整理平台上升一段时间以后才选择回踩确认。

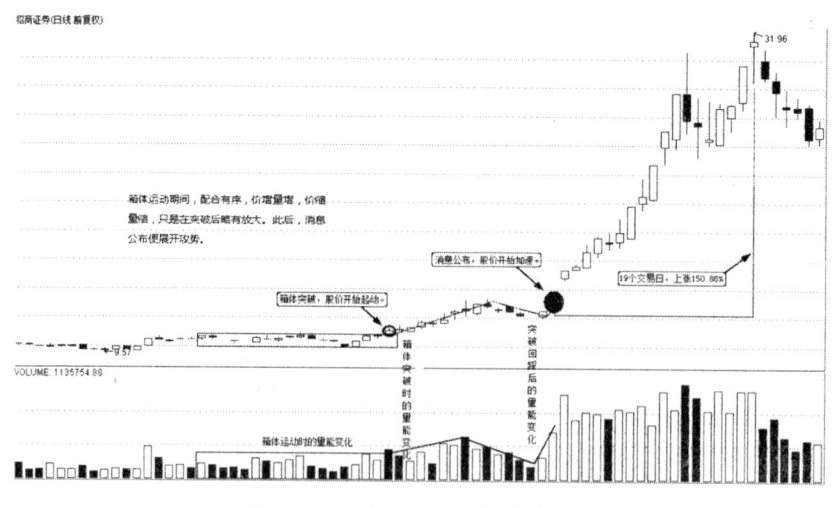

图 10-8 600999 招商证券

注解：价格突破箱体时的价量变化和消息公布后的价量变化，都印证了善用消息买入的原则。

上升放量，下降缩量，这是趋势持续的信号。待消息公布后，一鼓作气便将价格快速拉高至 31.96 元，在短短 19 个交易日内完成150.88%的涨幅。

关键点

这是一项硬功夫，千锤百炼方能得来，或是提前或是滞后，时间把握恰到好处才能产生共振。有过交易经历的人都应该知道，提前买入股价出现震荡的后果，也应该知道，滞后买入对未来股价走势判断的影响，只有抓住关键点，在拉升时买入才能与大主力共舞。

那么，关键点何时出现？出现时又将有怎样的特征？可参照规则一"用策略模型捕捉牛股里选时选点"的方法与本节即将要提到的个股重演时带来的机会。

指数会重演，个股也会重演，甚至操作手法也一样会重演。所以，请不要忽略它们的存在，反复爆炒将来必定会成为主力运作手段，金融体制完善，法律法规出台和监管部门的加强，让一些想动歪脑筋诈取股民钱财的恶庄闻风丧胆，顾忌已是必然。

因此，这种赚取收益的轮回方法会给投资人发出信号。"关键点"更是带领我们完成这项神圣而伟大工作的重点。让买入之后不再经历大主力洗盘时的煎熬，也不会因错失机会而感到恐惧，以及出现对未来价格上升方向的误判。举例，如图10-9通光线缆趋势演绎过程中出现的关键点。

底部形态以三角形完成，突破发出信号，股价便快速拉升。其手法可见一斑，但又表现凶悍。成交量方面也是配合有加，筑底期间随价格向下移动，突破时放出大量，或是出现在底部，或是出现在上升中继，这种形态都是买入信号的提示。

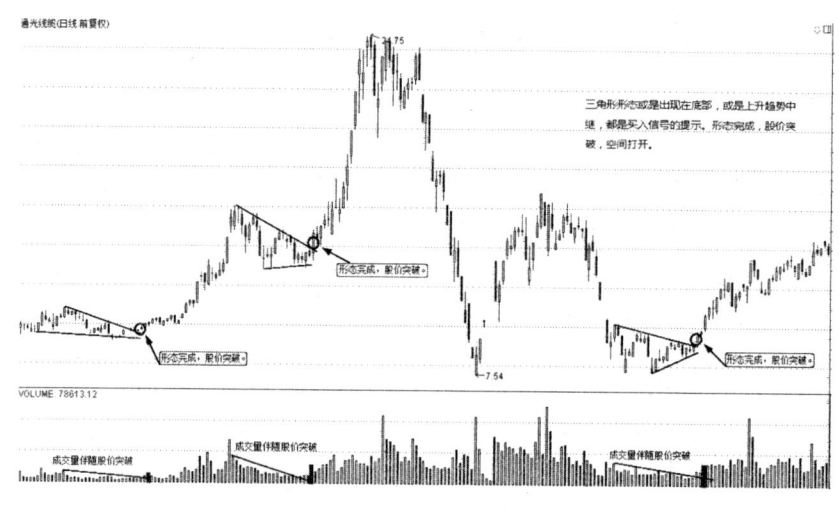

图 10-9　300265 通光线缆

注解： 三角形形态出现在底部，或是上升趋势的中继，都是买入信号的提示。价格突破量能放大，价格回调量能缩小。

为此，操作中应重点观察股票的特性，从形态上发现买入信号，是复盘的关键。希望每位勤劳者都在此基础之上获得收益，接来下我们通过另一种走势来揭示关键点的特征，例如图10-10海默科技在趋势演绎中出现的关键点。

与10-9图通光线缆表现不同的是，海默科技在上升趋势中形成的图形形态是以头肩底和平台突破来完成的。即在调整中形成头肩底形态，突破便告完成。随之，配合的是成交量的放大，给后期价格上升增加了助力。然而，趋势持续运行中也会出现不同形态的底部，就比如图中出现的调整平台突破并一举击穿前期阻力后向下回踩，得到确认后股价开始上升，成交量放大再次出现一波涨势。

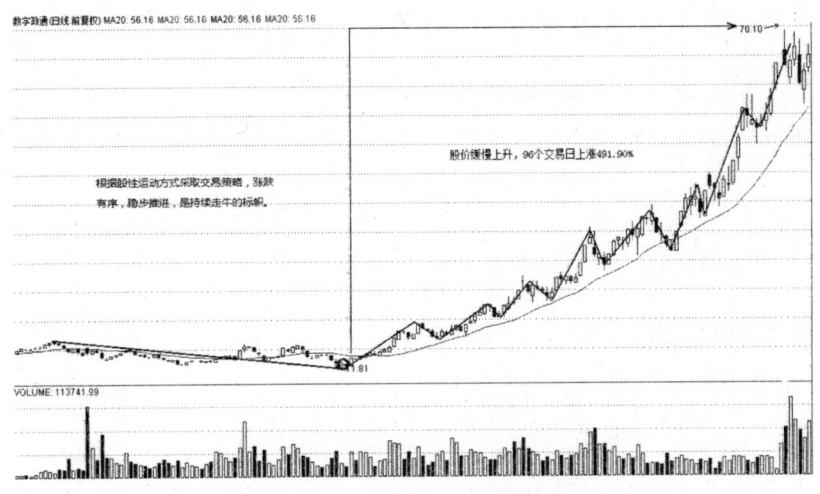

图 10-10　300084 海默科技

注解：寻找关键点，上升趋势运行中的形态多变，价格突破，成交量放大，形态成立都是很好的买入点。

股价向上持续运行，期间必然需要在调整中休养生息，这是完成上升趋势的重要环节，因此，关键点便成为股价调整结束后的再次启动点。

10.3　把股票卖在顶部的出货方法

多少年来，人们都在力求寻找一个完美的出货方法。然而，因为条件、能力的受限难以做到完美，通常都是卖出以后股价继续上涨，困扰内心的往往是纠结不清的高点。

试图把股票卖在顶部并不是一件难以做到的事情。市场中每位投资人都充当着一个角色，虽然他们被称为投资者或投机者。根据市场运行方向、涨跌速率、交易量能的不同，有搭台唱戏的主角，也有来凑热闹的看客，还有就是站在外面一个劲嚷嚷的股评家。总之，七嘴八舌的有说东的也有说西的，就连门外汉也想挤进来当个参谋，这就是市场，存在就有它的价值。

高点是相对的，而并非是绝对的。首先要在思想上有所认识，再到现实交易中取得成功。股市中，但凡追求绝对的都没有好结果，更为准确地说，这根本就不是一个需要准确的市场，偶尔一次侥幸的获胜起不到多大作用。股票交易是一项长跑运动，更是一份事业，能够把事业拼搏到底的才是真正的赢家。

然而，为了寻求短期名利上的刺激，人们绞尽脑汁想在股市中博得一项彩头，能够博名的不外乎就是买在最低卖在最高，用一张历史的交割单来证明自己的高明之处。事实上，都是心知肚明，真正的炒家怎又能拘于这些小节呢。如果，仅凭这小小的一两次的胜利就能够在长期发展的资本市场中生存下去的话，那这个市场一定没有失败者的位置，自然会成为大佬云集的场所。而大佬们的想法似乎并没有考虑过这个问题，他们关注的是市场机会何时出现，何时结束，何时入场和何时离场，本节内容通过以下两点来揭示大佬们是如何将筹码在相对高位兑现的。

K线形态出货特征

最简单的往往是最有效的。从投机角度上分析，K线形态是最能吸引人眼球的东西，也正是因为这一点，通过价格涨跌变化来做文章把股票卖在相对的高位。

正如前面所谈到的一样，它不是一个追求固定价位的产物，而是根据多空买卖力量自然形成的某个区域，被称为顶部。即便是在流通性较好的股票市场，当手中筹码聚集到一定数量后，也很难在最短的时间内完成出货，弱势市场会更加不易。因此，出货就会提前考虑，如图 10-11 所示。

图 10-11　300083 劲胜精密

注解：主力出货时多种形态演变，或是拉高，或是形态演变，或是 K 线诱导，总之，目的只有一个。

阶段性走势，出货手法各有不同，具体可参阅以下四个论点。

出货形态一

2015 年 4 月 2 日以中阳线的形式突破前期高点，形态向好上升动能强劲，理论上次日有高开高走 K 线出现。然而，走势总在瞬息万变，特殊情况下不按套路出牌，4 月 3 日选择以低开的方式向上运行，盘中多次出现逢高出货，至收盘放出大量。

之后停牌，于 2015 年 8 月 17 日复盘，呈低开高走并在盘中翻红，但分时图上显示，开盘后资金流出，结合前期拉高的形态分析，已经有大量筹码外逃，再加上受股灾事件的影响，必然会造成恐慌性抛盘。

出货形态二

受指数上涨带动，股价于2015年9月15日见底回升，并形成一波较强的走势，在54个交易日内完成156.22%的涨幅。涨跌循环，当在高位出现滞涨以后，就会形成新的下跌，这种走势遵循自然规律。

与之前头部的区别是本次以三角形形态筑顶，并在K线形态中表现出影线大于实体的走势。两者结合分析，已经有较明显的出货迹象，只要稍加注意就会被发现。因此，之后的下跌不仅仅是熔断的原因，事实上在下降之前就有大量的筹码出逃，即使没有熔断也一样会下跌。

出货形态三

下降趋势形成以后出现的反弹行情，当在高位出现滞涨K线形态并跌破临近阳线一半的时候，就会完成出货。其原因是套牢盘得到解放，股价异常波动，势必会引起参与者的警觉，一旦上升无力就会出现下跌。因此，连续大阳线之后不能在短时间内再次上涨，结果就是集体抛售。

时至今日，看似愚笨的散户也不再好糊弄，当遇下跌参与者就会考虑卖出股票，对于这一点主力也很清楚，所以，并不会等到大跌时才出货，这通常是散户行为。

出货形态四

与前者相似，高位出现滞涨并跌破临近阳线的一半，完成出货。走势上运行激进，快速下跌以后经过短暂调整便走出一波较为不错的走势，K线上表现出强劲势头且创出新高。

任何超出常规的运行都会遭到质疑，尤其是在遇上升阻力或某个高点突破后，向下回调是常见现象。所以，判断强弱走势的标准就放在了临近阳线之上。

此外，运行中表现不同的还有其他形式，目前所论述的是对一些常出现的形态进行揭示，以此帮助投资人在操作时规避风险。例如，图10-12得利斯。

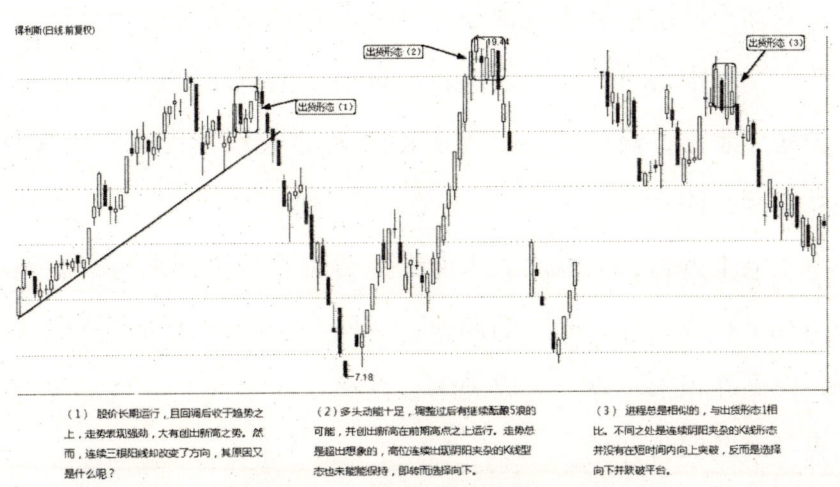

图 10-12　002330 得利斯

注解： 主力在拉高时的出货形态，或是制造假象形态，或是浪形变化，或是底部形态的二次启动，但最终都没有成立，真正的目的是出货。

出货形态一

股价长期运行，且回调后收于趋势线之上，走势表现强劲，大有创出新高之势。然而，连续三根阳线之后却改变了运行方向，其原因是在最后一根 K 线中，盘中逢高流出大量筹码，至股价冲高回落。次日，依旧采用同样的手段，盘中多次逢高出货，卖出欲望强烈。

技术上分析，上升动能表现不佳影响突破。对此，实际走势给出了答案，连续阳线之后，以下跌跳空之势跌破趋势线并改变方向。

出货形态二

快速下跌之后又出现快速上升，多头动能十足，调整过后有继续酝酿 5 浪的可能，并创出新高在前期高点之上运行。走势总是会超出想象，高位连续出现阴阳夹杂的 K 线形态也未能保持，即转而选择向下。

主观上分析，大涨之后未能经短暂调整后重回涨势，后期就会出现下跌或是较长时间的调整，时间与空间会证明这一点。对于该形态在顶部出现，并以大阴线跌破实体阳线，可判定为出货结束，下跌即将开始。

出货形态三

过程总是相似的，与出货形态一相比，不同之处是连续阴阳夹杂的 K 线形态并没有在短时间选择向上突破，反而是选择向下并跌破平台。

走势上以大阴线的形式跌破实体阳线，动能上空方占绝对优势。从整个图形分析，有走 W 底的可能，但仅是可能，事实证明，并没有按照预期的那样运行，其必然出货完成，转而向下，更多形态出货特征将在以下内容中提及。

图形形态出货特征

之前内容更多是对底部特征的论述，现在重点对顶部区域主力出货手法进行阐述，结合使用便会形成一套完整的操盘术。指数强弱轮回运转，个股每逢出货在形态上就会制造一种继续上升的假象来蒙蔽投资人，只要做多念头存在，后知后觉者就会被带入陷阱。事实也是如此，强势市场卖出股票无须大费周章，买入者接踵而来，不管价格有多高，只要挂单很快就能成交，且对实盘价格的变化不会产生太大影响，因为它是牛市。

但有一条无法保证的是，市场不会永远是牛市，当买入意愿逐渐偏向卖出意愿时就会出现多空对决的走势。虽然，实质性交易已经失去意义，赚钱的困难程度也有所增加，可是投机者赚钱的欲望丝毫不会降低，因为处于半强势状态的市场中投机气氛会更加浓烈。

因此，作为大主力机构要想在相对高位把股票顺利卖出，所花费的时间与精力往往要高于强势市场中的运作，不可预测的风险性将是首先考虑的对象，所以，利用形态特征出货更直白地说就是把一颗烟幕弹扔向市场来迷惑对手，当大多数人认为上涨无疑时就会悄无声息地把股票在高位抛出。操盘手的高明之处在于能够发现普通投机人的心理和市场环境，例如图10-13晋西车轴。

市场环境：上证指数2015年7月24日最高点4184.45点至2015年8月17日最高3994.54点，期间为整理走势，17个交易日内累计下跌3.16%。

个股表现：自2015年7月9日救市资金入场以后开始反弹至2015年7月24日，12个交易日内累计涨幅106.57%。之后便展开整理出货的假象，从走势上看要强于指数，且两者形成背离走势，个股明显强于大盘。然而，最引人注目的是2015年7月24日至2015年8月17日，期间17个交易日中的表现大有继续拉升的迹象，强势整理低点依次抬高，高点不断创出新高，且有股价突破整理形态的掩护，可想在当时那种情况下会有多少人不为之所动呢，不幸的是幻想出的天堂在短短几日内就变成了地狱，如果你固执己见，那结果就应该是这样的。

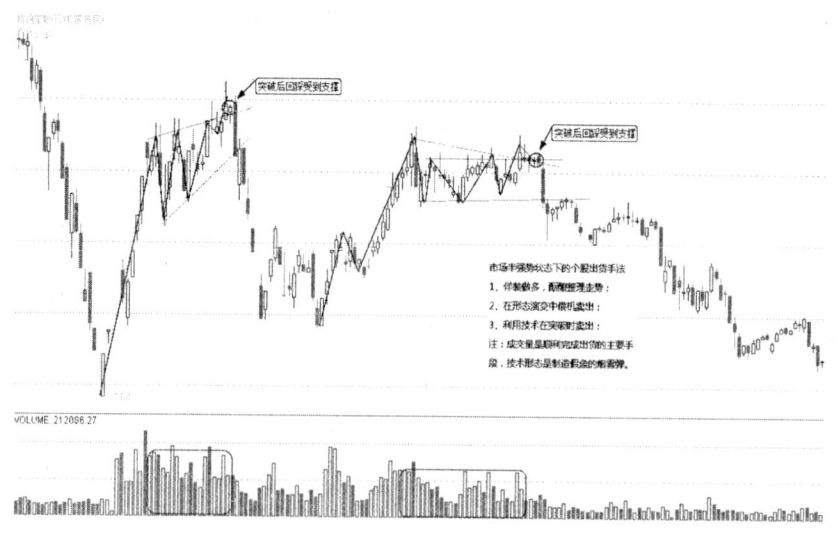

图10-13　600495 晋西车轴

注解：市场半强势状态下的出货手法，通常都会表现出做多的假象，而成交量是顺利完成出货的重要手段。

前文已有提示，历史轮回的转变是图形形态的演变，或在底部，或在顶部出现。过去是现在还是。对此，并非主力手段高明，而是他们更专注，把复杂的事情简单化，简单的事情重复化。

与前者走势相比后者略同。从底部开始，技术上摆出上升5浪的架势，且自2015年10月20日已经完成3浪的运行，4浪调整理所应当，如有突破那便是5浪上升的开始，假如顺利的话一定是这样。没错，过后来看的确如初始料，从2015年10月20日至2015年11月20日，期间运行24个交易日。

市场环境：上证指数2015年10月20日收盘3425.33点至2015年11月20日收盘3630.50点，期间为震荡上行，24个交易日内累计涨幅7.20%。

个股表现：自低点开始反弹至2015年10月20日，20个交易日内累计涨幅67.14%，之后便进入调整。从走势上看略弱于指数，形态上有洗盘之后继续拉升的迹象。如上所述，突破便会有5浪升的延续，底部依次抬高，高点与次高点形成契形和箱体，一旦突破调整就会结束。

交易就是交易，一切不可能都皆有可能。因此，请牢记在股票操作中尊重现实远比幻想未来更重要，走势瞬息万变，即便是按照计划行事，场外的不确定因素也会对交易策略产生影响。如果用一句话来形容的话："市场就像一个永远无法相信的绞肉机，一旦放松警惕随时都有可能被绞进去的危险。"并且，这种现象一直存在，只要参与其中就摆脱不掉。

死板的交易思维与过度的相信和带有自我独大的观念是最要不得的，我们可以把这一现象理解为是交易精神层面的傀儡，与实际走势经常产生矛盾并影响创投思维潜能的挖掘。例如，按照向好思维判断的想法买入某只股票，然而，当买入以后的真实走势则相反。如果时间短暂还可以接受，假如时间持续较长并在买入价格区域来回波动，必然会造成心理障碍。此时有一种现象往往会出现，那就是在持有与卖出之间纠结。

切记，我所能提供的答案那便是果断做出决定，如果开始纠结卖出是最好的选择。实战经历告诉我，不管有多少个理由持有它都不会有很好的结果。

以图10-14上海普天真实走势为例，2015年11月16日至2015年12月29日的调整，与指数形成相反的走势。指数震荡上涨并创出新高，而上海普天是以震荡下行的方式在运行，显然是嗅出了什么味道，在突破前期高点后快速出货。

市场环境：上证指数2015年9月8日开盘3054.44点至2015年11月16日最高3673.76点，期间为缓慢上升走势，45个交易日累计涨幅17.09%。

个股表现：自2015年9月8日反弹开始到2015年11月16日，45个交易日累计涨幅308.92%，随后在创出新高后回落，技术上成交量与价格出现顶部背离走势，显示上升意愿减弱转而向下，从投机角度分析已经失去购买的价值，只要有散客接盘无论数量多少都会抛售，直至出货完成。

如果你认为调整之后还有机会，就如图中所表示的位置，股价回踩受趋势线支撑并在低点依次抬高后出现阳线，看似机会实则风险。假如破位后不能及时止损仍执行当初买入的想法，结果只会越来越糟糕。难道亏损不就是这样一步步形成的吗？所以，请时刻保持一颗清醒的头脑，无论你的交易水平到了怎样炉火纯青的地步，上天都不会赐予你改变市场走势的力量，这一点毋庸置疑。当局势发生转变时，唯一能做的就是接受现实，并快速撤离，享受"无股便轻松"的美好时光。

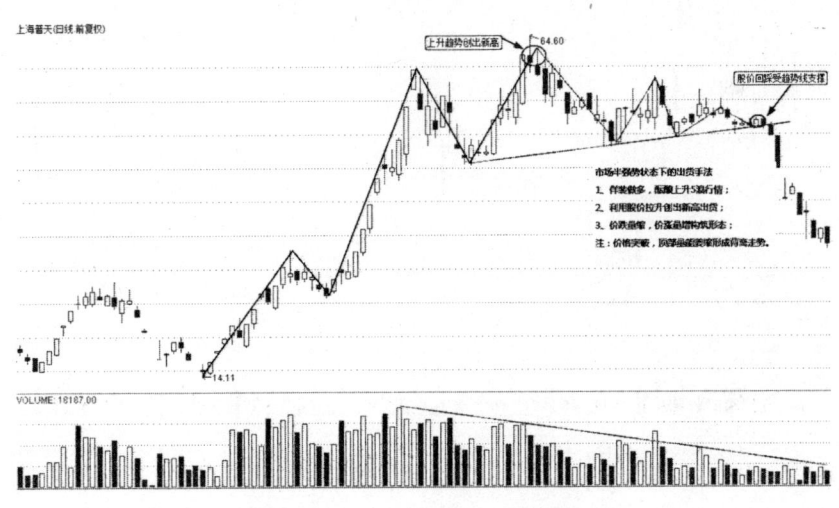

图 10-14　600680 上海普天

注解：市场半强势状态下的出货手法，主力在延伸浪形变化中引导买入，并构筑假象底部形态，一旦趋势破位，形态完成便会出货。

利用消息的出货特征

这不是一件光彩的事情，然而，在市场中它又经常发生。每当出货之时，总会对外发布一些有关利好的消息来吸引场外投资者，理由一定是可以说服你的。例如图 10-15 三夫户外，2016 年 7 月 15 日晚间在互联网上公布一则消息，大体内容是这女子已被诸多富豪盯上，相亲次数据统计达 107 次，其中明星私募大佬就有几个，很是抢手——私募基金调研107次，排名第一。那么，真实走势又是怎样呢？

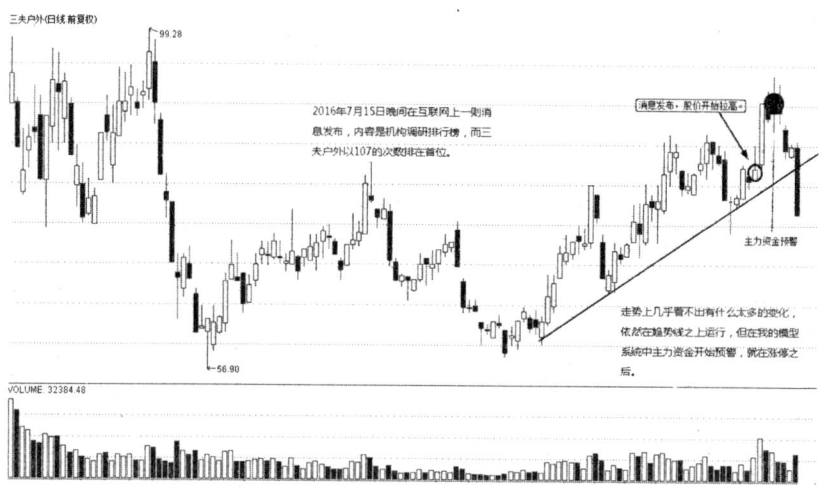

图10-15　002780　三夫户外

注解：消息发布，股价开始拉高，并在盘中完成出货。然而，当投资人买入以后，股价就会连连下跌。

因此，当所有消息都聚焦在一起的时候，三夫户外也不负众望，次日高开震荡，盘中甚是活跃，并于第三日涨停。走势上几乎看不出有什么太大的变化，依然在趋势线之上运行。只是在我的模型系统中主力资金开始预警，就在涨停之后，显然，是在拉高出货，现实价格已经证明了这一点。

再者，就是同一天发布消息的还有海顺新材，排名第四，被调研36次。走势上运行完好，量能配合有序，然而就在消息发布第三日，主力资金信号开始预警，盘中显示资金流出，第四日，股价出现低开低走之势。

# 第10章
>>> 揭秘作手操盘实战技法

图 10-16　300501 海顺新材

注解：走势上趋势运行完好，量能配合有序，然而，就在消息发布第三日，主力资金信号开始预警，盘中显示资金流出，次日股价便出现低开低走之势。

技术上分析，除了大底或大顶形成的过程会有明显的特征外，中短期资金的流向通常不被投资人发现，尤其是在半强势市场状态中。市场的看涨意愿相对浓厚，指数在某个上升之后开始调整，而个股的表现都很积极，所以，赚钱效应还没有完全降温，是最好的出货时机。一旦市场走坏或出现大跌，大主力资金就会受到限制，所以，处于半强势和弱势市场的卖出手段通常是借助外力来完成的。

对此形态可谓是百用解千愁，每次都能起到很好的效果。对参与者的心态更是了如指掌，看涨形态买入，即便是出现短暂的回调也都是信心满满。假若能用作波动或者是中长线的理由来说服自己的话，那一定会死心塌地的持有下去，直至内心崩溃。事实上，被套的理由总是那些为挽回薄面的借口，最终都会因为不甘心，舍不得而被动持股。

小　结

　　一种散户梦寐以求的现象，通过实盘讲解，以告白的方式将其展示出来，了解大操盘手股市稳赚技法是个非常享受的过程，用最朴实的案例把市场里的每一种交易行为透视得淋漓尽致。

　　第一节：截断亏损　讲述主力机构赚钱的行为模式。怎样选择交易对象和在市场不同走势中使用对应的模型，以两种走势、多种形态和涨跌速率的独特方法截断亏损。二四二资金使用策略更是针对大资金操作的逻辑思维进行阐述，并说明它的重要性。

　　第二节：战胜市场的操盘技法　讲述在实际操作中怎样战胜市场。历史会重演，个股也会重演，甚至操盘手法也会重演。其重点不是在了解历史，而是通过已经发生和现在正在发生的现象中发现强者恒强的股票。它们一定都有共性，那便是在快速拉升前发出的嚎叫，因此，我将把它当成为关键点。

　　当然，股语云：会买的是徒弟，会卖的是师傅，两者都能做到的一定就是大师了，没错。股票市场不是因为你在某个牛市行情里赢得了多少财富变成明星，而是，能在熊市来临之前全身而退。

　　第三节：把股票卖在顶部的出货方法　讲述了三个案例，并将常见的出货手法通过案例揭示出来，比较难辨认的当属利用消息出货，走势上并未有太大的变化发生，而是在资金流向方面做了手脚，股价拉高，有人接盘便会迅速兑现。为此，更多的难点应在实盘操作中一一化解。

后　记

　　暂时放松一下心情，稍作休息之后用更加健康的心态重新认识市场。或许你已经感觉到了，书中更多内容是朝着一个健康的方向在前行，有关影响成长之路的话语并未提及。当然，这并不代表我们在回避什么，而是用真诚之心去接纳一些本应存在的现象，当你无力去改变事实真相的时候，它就没那么重要了。与其再去纠结还不如换一种新的思考方式，也许你会发现自己的与众不同。

　　交易是个不同寻常的职业，随时都在牵动着操作者的心，走势时而缓慢、时而快速、时而又会忘却自我地存在，在一个相对低迷的区域上下徘徊。这时需要交易者做出的决定就是在价格还延续某上升或者是下降走势时，利用规则进行交易。假如你已经掌握了这门技术，它会时常让你感受成功后的喜悦，请记住你的规则。倘若市场运行超出了正常判断的方向，并进入一个令你难以抉择的区域，经验告诉我暂时离开是最好的策略。如果正确的话还有机会回来，相反，你的心情会变得浮躁不安。

　　相信，书中内容可以让你收获的不仅在字面意思，更多的是投资路上的一个转折点，未来它将指引你完成一次次前所未有的成功，除了财富之外还有一种优越感。用自信乐观的态度笑对交易险境，这是成熟的表现。然而，不愿意看到的是，它的作用仅在学术上发挥，忽略了实际本意，主观上没有想要改变谁的意思，事实上也不需要这么做。阅读者的智慧是非凡的，一定会按照他们自己的方式去挖掘真正具有价值的东西，这是最值得骄傲的地方，也令我很欣慰。

未来投资市场中的成功者一定是属于那些始终坚持和勤奋钻研的人，只有付出超越常人的努力，才能换回非凡的收益！市场是公平的，这一点永远正确。假如你认为发生了不公平，请参照第一条，它会让你看清真实走势的变化是多么纯净，是什么原因把它变得妖魔化，令你感到恐惧而害怕的又是什么。

假如，你已经理解了书中内容，就不应该再让这些问题出现，不是吗？优秀的操盘手是从来不会把自己放在一个比较尴尬的境地，乐观积极，毅力恒心，走特色之路，方为精英本色。